Christa Koppensteiner, Christl Meixner

Lese- und Lernprofi 1

Sinnerfassend lesen lernen
mit Theo, dem Lesewurm

Mildenberger Verlag

Ein Großteil der Lerntipps in den „Lese- und Lernprofi"-Bänden stammt aus den Büchern:

„Easy Learning 1", Lerngrundlagen – Wie Lernen funktioniert

„Easy Learning 2", Lerntechniken – So lerne ich erfolgreich

„Easy Learning 3", Die Praxis – Lernen in den Fachgegenständen

von Christa Koppensteiner, Bildungsverlag Lemberger, Wien 2006

Lese- und Lernprofi 1

Sinnerfassend lesen lernen
mit Theo, dem Lesewurm

Originalausgabe
Bildungsverlag Lemberger
Pointengasse 21 - 23/11
A - 1170 Wien
www.lemberger.at

Bestell-Nr. 1406-20 · ISBN 978-3-619-14620-8

Internetadresse: www.mildenberger-verlag.de
E-Mail: info@mildenberger-verlag.de

Auflage		5	4	3	2
Jahr	2014	2013	2012	2011

Illustrationen: Elisabeth Lottermoser, 33334 Gütersloh
Druck: Kraft Druck GmbH, 76275 Ettlingen
Gedruckt auf umweltfreundlichem Papier.

Inhalt

Herzlich willkommen!

Ich bin Theo, der Lesewurm, und ich werde dich durch dieses Heft begleiten.
Bald wirst du ein richtiger Lesewurm sein.

Kennst du schon das Geheimnis eines guten Lesers? Weißt du schon, wie du dir auch merken kannst, was du gelesen hast? Nein? Dann pass gut auf!

Übung 1

Das Geheimnis eines guten Lesers

Ein guter Leser liest viel und macht sich Bilder im Kopf.
Ein guter Leser stellt sich alles, was er liest, lebhaft vor.

Kannst du das Geheimnis eines guten Lesers wiederholen?
Kreuze die richtigen Antworten an.

Ein guter Leser
a) liest viel und macht sich Bilder im Kopf. ▢
b) stellt sich alles, was er liest, lebhaft vor. ▢
c) sieht fern, während er liest. ▢

Wenn du magst, kannst du bei dieser Übung auch die Augen schließen.

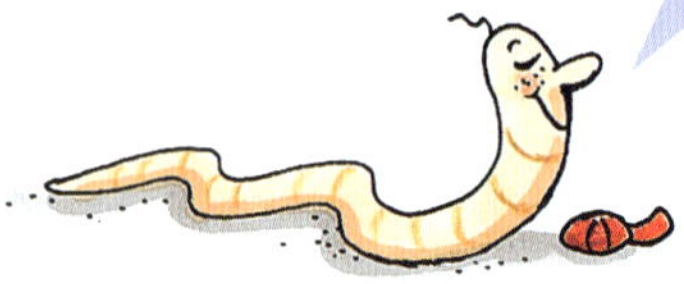

Übung 2

Bilder im Kopf machen

Damit du weißt, was du gelesen hast, musst du dir zum Text Bilder im Kopf machen. Das geht so:

Nehmen wir an, du liest das Wort „Blume“. Dann stellst du dir eine Blume in deinem Kopf vor. Du machst dir also ein Bild. Kannst du eine Blume in deinem Kopf sehen?

Nehmen wir an, du liest das Wort „Schneemann“. Dann stellst du dir einen Schneemann vor. Hast du ein Bild in deinem Kopf?

Mache dir also zu dem, was du liest, ein Bild in deinem Kopf. Dann kannst du dir gut merken, was du gelesen hast.

Frag deinen Lehrer oder deine Lehrerin, wenn du etwas nicht verstanden hast.

Übung 3

Lesen mit allen Sinnen

Stelle dir deine Bilder lebhaft vor.

Stelle dir alles, was du liest, so vor,
als würdest du es tatsächlich erleben,
dann merkst du es dir am besten.

Das geht so:

Nehmen wir an, du liest von einer Katze.
Dann hast du ihr Bild im Kopf.
Zusätzlich hörst du ihr Miauen oder ihr
Schnurren. Und du fühlst, wie es ist, wenn
du ihr weiches Fell streichelst.
Vielleicht kannst du dir sogar vorstellen,
wie ihr Futter riecht.

1. Probiere es gleich aus. Stelle dir nun lebhaft eine Katze vor.

Denke nun an einen Elefanten.
Stelle ihn dir lebhaft vor.
Kannst du ihn im Kopf sehen?
Kannst du sein Trompeten hören?
Kannst du spüren, wie sich seine raue Haut
anfühlt?

2. Probiere es gleich aus.

Denke nun an einen Apfel.
Hast du ein Bild im Kopf?
Kannst du spüren, wie er sich anfühlt?
Kannst du hören, wie du abbeißt?
Weißt du, wie er schmeckt?

3. Probiere es gleich aus.

Denke nun an ein Schwimmbad.
Kannst du es im Kopf sehen?
Kannst du das Wasser spüren?
Kannst du hören, wie laut es dort ist?
Kannst du den Geruch des Schwimmbades riechen?

4. Probiere es gleich aus.

Nun, da du das Geheimnis eines guten Lesers kennst, macht das Lesen noch viel mehr Spaß.

Wollen wir wetten?

Stelle dir die Fahrzeuge genau in deinem Kopf vor!

Übung 1

Auf zum Lesetraining

Denn nur Übung macht den Meister.

Auf dem Parkplatz steht ein rotes Auto. Links neben dem roten Auto steht ein grünes Auto. Rechts neben dem roten Auto steht ein blaues Auto.

1. In welcher Reihenfolge stehen die Autos? Male sie in der richtigen Farbe an.

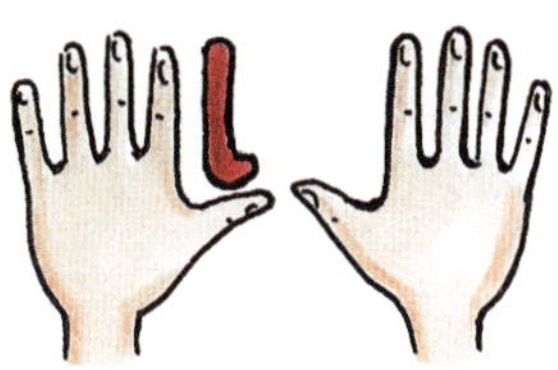

Auf dem Parkplatz steht ein gelber Lastwagen. Rechts davon steht ein brauner Lastwagen und dann ein grauer Lastwagen.

2. In welcher Reihenfolge stehen die Lastwagen? Male sie in der richtigen Farbe an.

Übung 2

Stelle dir den Textinhalt vor! Höre dazu die Musikinstrumente in deinem Kopf!

Oma spielt auf der Trompete.
Papa spielt auf der Gitarre.
Markus spielt auf der Flöte.
Auf der Trommel spielt Anna.

1. Wer spielt hier was?
   Ziehe Verbindungslinien zwischen den Personen und den Musikinstrumenten.

Kannst du dir vorstellen, wie eine Trompete, eine Gitarre, eine Flöte und eine Trommel klingen?

Stelle dir den Textinhalt vor! Höre dazu die Tierlaute in deinem Kopf!

Kannst du dir vorstellen, wie es sich anhört, wenn der Hund bellt, die Katze miaut und das Schwein grunzt?

Oskar sitzt vor der Hundehütte. Er bellt laut.
Die Schüssel der Katze Mimi ist leer.
Aber sie hat Hunger, deshalb miaut sie.
In Nachbars Garten kräht der Hahn.
Das Schwein grunzt und wälzt sich zufrieden im Schlamm.

2. Wer macht hier was?
Ziehe Verbindungslinien.

Der Hund bellt.	Die Katze miaut.	Der Hahn kräht.	Das Schwein grunzt.

Stelle dir den Text genau vor und fühle dich in das Geschehen ein!

Übung 3

Bianca streichelt die Katze. Sie ist ganz flauschig.
Bernhard bekommt den Fußball auf den Kopf. Der Kopf tut ihm weh.
Klara fällt ins Wasser. Das Wasser ist ziemlich kalt.

Kannst du spüren, wie es ist, wenn man einen Ball auf den Kopf bekommt?

1. Wer bekommt den Fußball auf den Kopf? Kreuze die richtige Antwort an.

a) Bianca ▢
b) Bernhard ▢
c) Klara ▢

Oma kommt zu Besuch. Sie umarmt Benni und gibt ihm einen feuchten Kuss auf die Stirn. „Oh, wie ich mich freue, dass ich euch besuchen kann“, sagt sie. Dabei drückt sie Benni fest an sich. Benni kann das gar nicht leiden. Oma drückt ihn so fest, dass er schon gar keine Luft mehr bekommt.

Kannst du dir vorstellen, wie es sich anfühlt, wenn Oma Benni fest an sich drückt?

2. Was macht Oma, während sie Benni umarmt? Kreuze die richtige Antwort an.

a) Sie lächelt. ▢
b) Sie gibt ihm einen feuchten Kuss. ▢

Übung 4

Stelle dir den Text bildlich vor! Versuche dabei die Gerüche zu riechen!

Im Wohnzimmer duftet es nach Lebkuchen und frisch gekochtem Kaffee. Papa kocht eine italienische Speise, deshalb riecht es in der Küche nach Knoblauch. Opa hat einen Kuchen gebacken. Im Haus duftet es nach Zimt.

1. Wonach riecht es in der Küche?
   Kreuze die richtige Antwort an.

a) nach Knoblauch ▢
b) nach Maiglöckchen ▢
c) nach Pizza ▢

Kannst du dir vorstellen, wie Kaffee, Zimt, Lebkuchen und Knoblauch riechen?

Anne isst am liebsten Salat und sie nascht gerne Schokolade. Tim isst am liebsten Wiener Schnitzel. Und Wuffi, der Dackel, mag am liebsten Hundeknochen.

2. Was isst Tim am liebsten?
   Kreuze die richtige Antwort an.

a) Wurst ▢
b) Brötchen ▢
c) Wiener Schnitzel ▢

Stelle dir den Text bildlich vor!
Versuche dabei die Nahrungsmittel zu schmecken!
Wie schmeckt ein Salat, Schokolade, ein Wiener Schnitzel?

Stelle dir nun die kleine Geschichte so vor, als würdest du sie tatsächlich erleben!

Übung 5

Ein Spaziergang im Regen

Kannst du dir vorstellen, im Regen draußen zu sein? Kannst du den Regen spüren?

Draußen regnet es in Strömen. Sonja mag den Regen. Sie zieht schnell ihre Regenjacke und ihre Gummistiefel an und geht hinaus. Sonja springt vergnügt in eine Pfütze. Plitsch, platsch, das Wasser spritzt nach allen Seiten davon. Das macht Spaß.

„Komm ins Haus!“, ruft ihre Mutter. Aber Sonja bleibt lieber draußen und spürt die Regentropfen in ihrem Gesicht.

Kannst du „hören“, wie die Mutter ruft?

Aber nanu, was ist das für ein köstlicher Duft? Es riecht nach Lebkuchen und Zimtschnecken. Sonja ist auf einmal ziemlich hungrig. Nun geht sie doch hinein.

Kannst du dir vorstellen, wie Lebkuchen riechen und Zimtschnecken schmecken?

Übung 1

1. Male die Giraffe gelb und braun an.

2. Das Schweinchen soll eine rosa Farbe bekommen.

3. Male den Bären braun an.

4. Der Elefant ist auch noch ganz weiß. Male ihn in der richtigen Farbe an.

Übung 2

1. Der Zylinder ist grau, genau wie die Maus.

2. Male den Würfel orange an.

3. Male die Tasse nicht an, sie soll nämlich weiß bleiben.

4. Male die Sonnenblume in den richtigen Farben an.

5. Der Krug soll grün werden.

Übung 3

1. Wie viele Teddybären sind im Koffer? Kreuze die richtige Anzahl an.

a) drei ▢
b) zwei ▢
c) fünf ▢

2. Male die Teddybären braun an. Suche den Ball in dem Bild und male ihn blau an. Das Hemd soll grün werden. Die Uhr soll eine gelbe Farbe bekommen. Male den Regenschirm, die Schaufel und den Eimer rot an. Der Hase soll weiß bleiben.

3. Hast du auch einen Teddy? Wenn ja, wie heißt er? Schreibe den Namen auf: ______________________

4. Welche Farbe hat dein Teddy? Schreibe die Farbe hier hin: __________

Übung 4

Im Wohnzimmer steht ein Sofa. Male es orange an. Die Vorhänge sind hellblau mit dunkelblauen Punkten. Auf dem Fußboden steht eine Lampe. Der Lampenschirm soll gelb werden. Male den Bilderrahmen violett an. Der Teppich hat braune und gelbe Streifen. Beginne mit einem gelben Streifen. Der Blumenstock hat dunkelgrüne Blätter. Der Blumentopf ist rot. Male den Fensterrahmen braun an.

Übung 1

1. Was ist gemeint?
   Male das richtige Bild an.

Wir sehen sie am Himmel.
Es gibt ganz viele davon.
Sie sind nur nachts zu sehen und nur bei klarem Himmel.

a) Sterne

b) Blumen

c) Schmetter-linge

2. Was ist nun gemeint?
   Male das richtige Bild an.

Du schläfst darin.
Es ist weich.
Du fühlst dich darin wohl.
Du benutzt es jeden Tag.

a) der Stuhl

b) das Bett

c) der Sessel

Übung 2

So ein Durcheinander! Welche Sachen passen zur Weihnachtszeit? Male sie bunt an.

Adventskranz

Ostereier

Geschenke

Gebäck

Weihnachtsbaum

Schmetterlinge

Osterhase

Lieder

Schultasche

Duftlampe

Kerze

Übung 3

1. Welches Tier ist gemeint?
   Male das richtige Bild an.

Es ist grau. Es ist ziemlich groß und schwer. Es hat außerdem große Ohren und einen Rüssel. Du kannst es im Zoo sehen.

a) die Maus   b) der Elefant   c) die Giraffe

2. Welches Tier ist nun gemeint?
   Male das richtige Bild an.

Es hat einen langen Hals und ziemlich lange Beine. Die Ohren sind schmal und klein. Es frisst gerne Blätter von den Bäumen. Du kannst es im Zoo besuchen.

a) die Giraffe   b) das Kamel   c) der Igel

Übung 4

1. Welches Tier ist gemeint?
   Kreuze die richtige Antwort an.

Es lebt im Wasser.
Es atmet durch Kiemen.
Es hat Schuppen.
Manchmal essen wir es.

☐ 
☐ 
☐ 

a) der Frosch b) der Hase c) der Fisch

2. Welches Tier ist nun gemeint?
   Kreuze die richtige Antwort an.

Es ist der beste Freund des Menschen.
Es ist ziemlich klug und außerdem treu.
Man muss jeden Tag mit ihm Gassi gehen.

☐ 
☐ 
☐ 

a) der Hahn b) der Hund c) der Storch

Übung 5

Rudi Tausendfüßler

Rudi Tausendfüßler hat seine Brille verloren. Das passiert ihm ziemlich oft. „Wo ist nur meine Brille? Ich kann meine Brille nicht finden“, jammert er. Rudi hat schon überall gesucht. In der Küche und im Wohnzimmer, im Schlafzimmer und im Bad, sogar im Abstellraum hat er gesucht. Aber die Brille bleibt verschwunden.

1. Wo ist die Brille von Rudi Tausendfüßler?
   Kreuze die richtige Antwort an.

a) Er trägt sie auf dem Kopf. ▢
b) Die Brille liegt auf dem Bett. ▢

Weil Rudi seine Brille nun einmal nicht finden kann, zieht er seine Schuhe ohne Brille an.

Rudi sieht leider ohne Brille ziemlich schlecht.

2. Was ist deshalb passiert?

a) Rudi hat vergessen, einige Schuhe anzuziehen. ▢

b) Rudi hat die Schuhe verkehrt angezogen. ▢

Da kommt Rudis Freundin Mira. „Oh, du siehst aber lustig aus!“, stellt sie fest. „Hast du deine Brille wieder einmal nicht gefunden? Du trägst sie auf dem Kopf, falls du sie suchst!“ „Ah, da ist sie ja“, freut sich Rudi Tausendfüßler und setzt sie gleich auf.

3. Wer kommt zu Rudi?

a) sein Hund Rex ▢

b) seine Freundin Mira ▢

Übung 1

Eine Bootsfahrt

Familie Krause macht heute eine Bootsfahrt. Familie Krause besteht aus sieben Personen und einem Hund. Da es ziemlich heiß ist, springen vier Personen und der Hund über Bord, um zu schwimmen.

1. Wie viele Personen befinden sich nun noch auf dem Boot? Trage die richtige Zahl hier ein: ____________________

Im Indianerzelt

Max und Moritz haben ein Indianerzelt gebaut. Beide sitzen im Zelt auf dem Boden. Da bekommen sie Besuch von ihren Freunden Anne und Hanne. Die beiden setzen sich zu ihnen auf den Boden. Später kommen noch Toni und Moni vorbei.

2. Wie viele Personen befinden sich nun insgesamt im Zelt?

Trage die richtige Zahl hier ein: ____________

Übung 2

Der Maibaum

Als sichtbares Zeichen von Freude, Fröhlichkeit und Lebenskraft wird in vielen Orten ein Maibaum aufgestellt.

Als Maibaum wird meist eine sehr hohe Fichte verwendet. Der Baum wird im Wald gefällt und bis auf den Wipfel von Ästen befreit. Dann wird noch die Rinde vom Stamm geschält. Hoch oben wird der Maibaum mit einem oder mehreren Kränzen verziert. Die Kränze sind mit bunten Bändern geschmückt.

Wie sieht ein Maibaum aus?
Male das richtige Bild an.

Übung 3

Drachensteigen

Es ist Herbst. Draußen ist es windig. Max sitzt in der Küche und drückt seine Nase an der Fensterscheibe platt. „Mir ist so langweilig“, jammert er. „Was soll ich bloß machen?“ „Magst du Drachensteigen gehen?“, fragt Klaus, sein großer Bruder. „Oh ja“, jubelt Max mit leuchtenden Augen. Klaus hat einen bunten Drachen mit einem lustigen Gesicht und einer langen Schnur daran. Bald flattert der Drache lustig im Wind.

1. Was machen Max und Klaus?
   Kreuze die richtige Antwort an.

a) Sie gehen Fußballspielen. ▢
b) Sie lesen. ▢
c) Sie lassen den Drachen steigen. ▢

2. Welche Jahreszeit ist?
   Kreuze die richtige Antwort an.

a) Winter ▢
b) Herbst ▢
c) Sommer ▢

Übung 4

Eine spannende Zugfahrt

Janina macht einen Ausflug mit ihrer Oma. Sie fahren mit dem Zug in den Zoo. „Tuuut, tuut“, pfeift der Zug und man kann ihn schon von Weitem hören. Janina freut sich schon sehr auf die Tiere. Außerdem fährt sie heute das erste Mal mit dem Zug und deshalb ist sie ziemlich aufgeregt. Im Zug suchen sich Oma und Janina einen Platz. Janina darf am Fenster sitzen. Die Fahrt dauert lange. Oma ist ein bisschen eingenickt und Janina zählt die Fahrgäste. Mit ihr und Oma sitzen insgesamt zehn Fahrgäste im Zug. Bei der ersten Haltestelle steigen zwei Fahrgäste zu. Bei der nächsten Haltestelle steigen noch drei Fahrgäste zu.

Nach einer Weile erwacht Oma aus ihrem Schläfchen. Janina fragt sie: „Weißt du, wie viele Fahrgäste im Zug sitzen?“ Oma hat keine Ahnung. Weißt du es denn?

Wie viele Fahrgäste sitzen im Zug?
Trage die richtige Zahl hier ein: ____________

Übung 5

Ein Gewitter

Es donnert. Der Wind peitscht den Regen an das Fenster und Blitze erhellen immer wieder das Zimmer, in dem Lara schläft.

Na ja, eigentlich schläft sie nicht. Das Gewitter hat sie aufgeweckt. Jetzt liegt sie im Bett und fürchtet sich.

Sicherheitshalber hat Lara die Bettdecke bis unter die Nasenspitze gezogen. Den Teddybären Jonas hält sie auch ganz fest im Arm. Jonas kriegt schon gar keine Luft mehr.

1. Warum fürchtet sich Lara?
   Kreuze die richtige Antwort an.

a) weil ein Gewitter tobt ▢

b) weil ein Gespenst im Zimmer ist ▢

c) weil ein Luftballon zerplatzt ist ▢

Lara möchte am liebsten zu Mama ins Bett kriechen.

Aber die schläft im Nebenzimmer und der Weg dahin ist weit. Na ja, eigentlich ist der Weg gar nicht so weit. Nur wenn Lara sich fürchtet, dann kommt ihr der Weg so weit vor. „Wollen wir ganz schnell zu Mama ins Bett huschen?“, fragt Lara ihren Teddy Jonas. Lara nimmt ihren ganzen Mut zusammen und läuft mit Jonas ganz schnell hinüber ins Nebenzimmer. „Geschafft“, denkt sie glücklich und schmiegt sich an Mama.

2. Wohin läuft Lara?

a) in den Keller ▢

b) ins Freie ▢

c) zu Mama ins Bett ▢

3. Wen nimmt sie mit?

a) die Katze Daisy ▢

b) die Puppe Mimi ▢

c) den Teddy Jonas ▢

Übung 1

Morgens früh um sechs kommt die kleine Hex. Morgens früh um sieben schabt sie gelbe Rüben. Morgens früh um acht wird Kaffee gemacht. Morgens früh um neune geht sie in die Scheune. Morgens früh um zehn holt sie Holz und Spän'. Feuert an um elf, kocht dann bis um zwölf: Fröschebein und Krebs und Fisch, hurtig, Kinder, kommt zu Tisch!

1. Welche Sätze sind richtig ☑, welche sind falsch ☒?

a) Morgens früh um sechs kommt die kleine Hex. ☐
b) Morgens früh um sieben kauft sie rote Rüben. ☐
c) Morgens früh um acht wird Kaffee gemacht. ☐
d) Morgens früh um neune fährt sie in die Scheune. ☐
e) Morgens früh um zehn bleibt sie wieder stehn. ☐
f) Sie kocht Fleisch und Gemüse. ☐

2. Unterstreiche folgende Wörter im Text:
   früh – holt sie – schabt sie –
   geht sie – Kaffee – kocht –
   Fröschebein – Krebs – Fisch –
   Holz – Spän' – Rüben

3. Was macht die Hexe wann?
   Schreibe auf.
   Um sechs ______________________
   Um sieben ______________________
   ____
   ____
   ____
   ____
   ____

4. Lies die kleinen Wörter ganz schnell:
   um – die – sie – wird – geht – und – an –
   dann – bis – zu

5. Hexenkinder mögen Fröschebeine,
   Krebs und Fisch. Zeichne, was du magst.

Übung 2

Es ist Zeichenstunde in der Schule. Caroline sitzt neben Ali. Caroline ist ein Spaßvogel. Caroline sagt: „Schau, da ist eine Maus!“ Ali erschrickt und schüttet das Wasser über seine Zeichnung. „Ich hab‘ doch nur Spaß gemacht“, sagt Caroline. Sie hilft Ali, wieder alles in Ordnung zu bringen.

1. Welche Sätze sind richtig ☑, welche sind falsch ☒?

a) Es ist Zeichenstunde in der Schule. ☐
b) Caroline sitzt neben Kurt. ☐
c) Caroline ist immer traurig. ☐
d) Caroline sagt: „Schau, da ist eine Maus!“ ☐
e) Ali erschrickt und schüttet das Wasser über das Buch. ☐
f) „Ich habe doch nur Spaß gemacht“, sagt Caroline. ☐

2. Was ist ein Spaßvogel?

a) ein besonderer Vogel ☐
b) jemand, der Spaß macht und lustig ist ☐

3. Unterstreiche die Wörter, die im Text vorkommen.
Zeichenstunde – Turnstunde –
Caroline – Anna – Ali –
Kurt – Spaßvogel –
Kanarienvogel – Maus –
Wasser – Zeichnung – Buch –
Spaß – Klasse – Ordnung

4. Lies die kleinen Wörter ganz schnell:
ist – in – der – ein – da – eine – und –
das – über – seine – ich – habe – doch –
nur – sagt – sie – alles

5. Kannst du die Wörter lesen?

Übung 3

Der Apfelbaum

Anna hat einen Apfelbaum im Garten.
Im Herbst sind die Äpfel reif.
Anna nimmt einen Korb.
Sie schüttelt den Baum.
Die Äpfel fallen ins Gras.
Anna hebt sie auf.
Der Korb ist voll.

1. Lies die Geschichte mit den Bildern.

Anna hat einen  im Garten.
Im Herbst sind die  reif.
Anna nimmt einen .
Sie schüttelt den .
Die  fallen ins . Anna hebt sie auf.

2. Welche Sätze sind richtig ☑,
welche sind falsch ☒?

a) Anna hat einen Apfelbaum. ☐
b) Der Apfelbaum steht im Garten. ☐
c) Die Äpfel sind noch nicht reif. ☐
d) Der Vater schüttelt den Baum. ☐
e) Der Korb ist voll. ☐
f) Anna nimmt den Korb. ☐

3. Lies die kleinen Wörter ganz schnell:
   hat – im – sind – die – den – in – das – auf – ist – voll

4. Unterstreiche die Wörter, die nicht in der Geschichte vorkommen.
   Apfelbaum – Anna – Mutter – Garten – Haus – Baum – Gras

5. Finde die kleinen Wörter.

S	I	S	T	V
I	D	I	E	O
N	X	M	H	L
D	E	N	A	L
A	U	F	T	X

6. Lies die zusammengesetzten Wörter.
   Apfelbaum – Apfelbäumchen
   Apfelkuchen – Apfelstrudel – Apfelkern
   Apfelkompott – Apfelschale – Apfelsorte

7. Zeichne einen grünen Apfel mit roten Streifen.

Übung 4

Katzenkinder

Heute gehe ich zu meinem Opa.
Seine Katze hat zwei Kinder.
Eine kleine Katze ist für mich.

1. Suche die folgenden Wörter im Text und unterstreiche sie:

Katze	Opa	Kinder

2. Richtig ☑ oder falsch ☒?

a) Heute gehe ich zu meiner Oma. ▢
b) Seine Katze hat zwei Kinder. ▢
c) Eine kleine Katze ist für mich. ▢

3. Kennst du die Wörter? Ergänze.

Katze – Kätzchen

Haus – Häuschen

Bub – ____________________

Teller – ____________________

Hut – ____________________

Kind – ____________________

Tisch – ____________________

4. Zeichne eine Katzenmutter mit den zwei Kindern.

Die Katzenmutter ist grau. Eine kleine Katze ist schwarz, die andere ist schwarz-grau gestreift.

Übung 5

Geburtstag

Nächste Woche habe ich Geburtstag. Ich freue mich schon auf das Geburtstagsfest. Ich wünsche mir ein neues Fahrrad.

1. Welche Sätze sind richtig ☑, welche falsch ☒?

a) Nächste Woche habe ich Namenstag. ☐

b) Ich freue mich schon auf das Geburtstagsfest. ☐

c) Ich wünsche mir ein neues Fahrrad. ☐

2. Welche Wörter sind nicht im Text? Streiche sie durch.

Namenstag – Geburtstag – Woche – Jahr – Fahrrad – Rennauto

3. Suche so viele Wörter, wie du kannst.

G	E	B	U	R	T	S	T	A	G
W	O	C	H	E	X	I	C	H	X
F	A	H	R	R	A	D	E	X	X
M	I	C	H	X	X	A	I	X	X
S	C	H	O	N	X	S	N	S	S

4. Lies die kleinen Wörter ganz schnell:
   habe – ich – mich – schon – auf – das – mir – ein

5. Dein Geburtstag ist am ________________

6. Streiche die Wörter durch, die nicht zum Geburtstag passen.
   Geschenke – Torte – Einladung – Kinder – Luftballons – Kerzen – Lied – Hausaufgaben – Schulheft

7. Welche Torte schmeckt dir am besten? Kreise ein.
   Schokoladentorte – Obsttorte – Cremetorte – Nusstorte

8. Zeichne hier deine Lieblingstorte.

Übung 6

Miriam ist krank

„Mein Hals tut weh!“, jammert Miriam. Die Mutter legt die Hand auf ihre Stirn. „Du bist ganz heiß“, sagt sie. Miriam ist krank. Sie muss ins Bett.

1. Welche Sätze sind richtig ☑, welche sind falsch ☒?

a) „Mein Kopf tut weh“, jammert Miriam. ☐
b) „Du bist ganz heiß“, sagt die Mutter. ☐
c) Miriam ist krank. ☐
d) Sie muss im Krankenhaus bleiben. ☐
e) Nach ein paar Tagen ist sie wieder gesund. ☐

2. Ergänze.

Der Kopf tut weh.
Ich habe Kopfschmerzen.

Der Zahn tut weh.
Ich habe ______________________.

Der Bauch tut weh.
Ich habe ______________________.

Der Rücken tut weh.

Ich habe ______________________.

Der Magen tut weh.

Ich habe ______________________.

3. Hier geht es um Körperteile eines Menschen. Was passt nicht?

Hals – Kopf – Rücken – Flügel – Bauch – Magen – Pfote – Fuß

4. Kannst du alle Wörter lesen und verstehen?

jammern – Kamm – Hammer – Kammer – sammeln – Zimmer – Himmel – Gebimmel – wimmeln – summen – brummen – stumm – Hummel – tummeln

5. Findest du drei lange Wörter?

Hänge die passenden Silben zusammen, wie z. B. Me-di-zin.

Fieber	Hals	di	weh	meter
Me	tab	thermo	zin	letten

Übung 7

Kater Moritz und der Goldfisch

Kater Moritz ist eine graue Katze mit weißen Flecken. Er ist ziemlich faul. Am liebsten schläft er den ganzen Tag. Heute schläft Moritz allerdings nicht. Er wartet schon gespannt auf den Familienzuwachs. Moritz ist ziemlich neugierig auf den Neuankömmling. Endlich ist er da. Alina stellt ihn auf den Tisch. „Das ist Tom, unser Goldfisch“, sagt sie zu Moritz. „Lass ihn nur ja in Ruhe! Ich komme gleich wieder.“

Hast du dir die Geschichte genau vorgestellt? Dann kreuze jetzt die richtigen Antworten an.

Mit einem Satz springt Moritz auf den Tisch und begrüßt Tom, indem er seine Nase fest an das Wasserglas drückt. Tom bekommt einen großen Schreck und schwimmt schnell davon. Moritz mag Fische. Am liebsten mag er sie roh. „Was für ein Leckerbissen“, geht es ihm durch den Kopf. Und er versucht gleich, Tom mit der Pfote zu fangen. „Moritz!“, sagt Alina streng. „Komm sofort vom Tisch herunter!“ „Glück gehabt“, freut sich Tom, und Moritz sucht schnell das Weite.

1. Wie heißt der Kater?

a) Tom ☐ (ER)

b) Moritz ☐ (LE)

2. Wer kommt zur Familie dazu?

a) ein Goldfisch ☐ (SE)

b) eine Schildkröte ☐ (I)

3. Wie mag Moritz den Fisch am liebsten?

a) roh ☐ (WU)

b) gekocht ☐ (UU)

4. Was macht Moritz?

a) Er miaut laut. ☐ (IE)

b) Er will Tom mit der Pfote fangen. ☐ (RM)

5. Trage die Buchstaben der richtigen Antworten der Reihenfolge nach in die Kästchen ein. Wie lautet das Lösungswort?

Super! Du hast das Lesetraining 1 geschafft und bist nun schon ein richtiger Lesewurm. Herzlichen Glückwunsch!

Inhalt

Der Kreislauf des Geldes
Wie der Zahlungsverkehr in der Wirtschaft funktioniert – Bestell-Nr. 11 431
KOHL VERLAG Der Verlag mit dem Baum

Vorwort

Liebe Kolleginnen und Kollegen,

„Geld“ – allein schon das Wort hat bis in unsere heutige Zeit nichts von seiner Faszination verloren. Ich habe sogar den Eindruck, dass das Wort und seine Bedeutung mehr und mehr das Leben der Menschen prägt.

„Geld“ hat seit langem Einzug gehalten in unser Denken und Handeln. Es ist nicht nur mehr ein reales Tausch- und Zahlungsmittel, sondern prägt auch emotionale Wünsche und Träume ganzer Generationen.

„Geld“ haben, reich sein, hat in der heutigen Zeit durchaus Vorteile im Leben. Gesetzgebungen und Verwaltungen in Europa und Deutschland haben deshalb dem gesamten Geldwesen einen hohen Stellenwert beigemessen.

In meinen Ausführungen zu diesem Band habe ich nicht nur unserer Vorfahren gedacht und in einer Zeitreise die Geschichte „Rund um's Geld“ passieren lassen, sondern vor allem versucht, die heutige Situation darzustellen.

Das Thema „Geld“ ist umfangreich, vielseitig und oft schwer zu verstehen. Genau diesem Gedanken versuchte ich als Wirtschafts- und Bankkaufmann, Rechnung zu tragen. „Geld“ wird mitsamt seiner ganzen Nebenerscheinungen dargestellt, um Ihren Schülern den Umgang damit zu erleichtern.

Der Euro ist mittlerweile in einem geeinten und friedlichen Europa nicht mehr wegzudenken und auch ein Garant für die Zukunft.

Geld ist auch global behandelt nicht einfach. In diesen Kopiervorlagen wurden die einzelnen Themen jedoch so aufbereitet, dass diese für Schüler noch interessant und vor allem verständlich sind.

Der Autor Klaus Ruf (VWA) und seine Helfer wünschen Ihren Schülern einen wunderbaren Start ins Leben und einen guten Umgang mit dem Geld.

Klaus Ruf & Angelika Kalmbach-Ruf

(Handelsschullehrerin i. R.)

*Mit Schülern bzw. Lehrern sind im ganzen Band selbstverständlich auch die Schülerinnen und Lehrerinnen gemeint.

Geschichte des Geldes

Vom Warentausch zum Euro

Jahrtausende vor Christus tauschten die Menschen die Waren, z. B. Rinder gegen Salz oder Felle gegen Getreide. Diese Warentauschaktionen waren jedoch sehr mühselig. Zum einen mussten die Tauschwilligen genau das benötigen, was der andere anbot, zum anderen war das auch ein logistisches Transportproblem.

Sperrige oder schwere Waren mussten zeitaufwendig mit Ochsen- oder Pferdekarren über vereiste, aufgeweichte, holprige und unsichere Wege transportiert werden. Sogar Rinder oder andere Tiere mussten weite Wegstrecken selbst zurücklegen. Die laufenden Ausfälle und der wirtschaftliche Schaden waren hoch.

Ca. 700 v. Chr. wurde der Warentausch dadurch verbessert, dass als Tauschmittel nicht nur Ware gegen Ware getauscht werden konnte, sondern auch Ware gegen Perlen, Steine z. B. Bernstein – das Gold der Ostsee, oder Metalle – die ersten Münzen.

Im 1. Jahrhundert nach Christus kam dann der Durchbruch. Der Senat hatte im kaiserlichen Rom das Prägerecht für Kupfer- und Messingmünzen eingeführt. Damals schon schmückte ein Bild des Landesobersten die eine Seite der Münze; auf der anderen Seite kamen Bauwerke, Schiffe oder Götter zur Geltung.

Ein ganz großer Fortschritt war unter Karl dem Großen im 8. Jahrhundert zu verzeichnen. Karl reformierte das Münzwesen, um das umständliche Umrechnen beim überregionalen Handel zu beenden. Damit war in Westeuropa die erste gemeinsame Währung etabliert, der „Denar“ (zu deutsch Pfennig), mit einheitlicher Größe, einheitlichem Gewicht und garantiertem Feingehalt in Silber.

Im 10. Jahrhundert wurden die schweren Metallmünzen dann durch sog. Depotscheine ersetzt; sie waren die Vorläufer des Papiergeldes.

1483 wurde in Spanien das erste Papiergeld gedruckt; 1609 in Amsterdam und 1661 in Stockholm. Da die Händler diesem Papiergeld kein großes Vertrauen schenkten, war man in Deutschland sehr zurückhaltend.

Erst im 19. Jahrhundert kam das Papiergeld auch zu uns.

Karl der Große, der erste Europäer

KOHL VERLAG Der Kreislauf des Geldes Wie der Zahlungsverkehr in der Wirtschaft funktioniert – Bestell-Nr. 11 431

Eine stabile Währung war zu jedem Zeitpunkt für Wirtschaft und Handel wichtig. Wirtschaftskrisen, wie sie z. B. während und nach der Französischen Revolution stattfanden, wirkten sich lähmend auf die Weiterentwicklung der Währung aus. In Deutschland kam die Kleinstaaterei hinzu.
Die einen bezahlten mit Heller, Batzen und Gulden, die anderen mit Talern und Groschen und wieder andere mit Kreuzer.

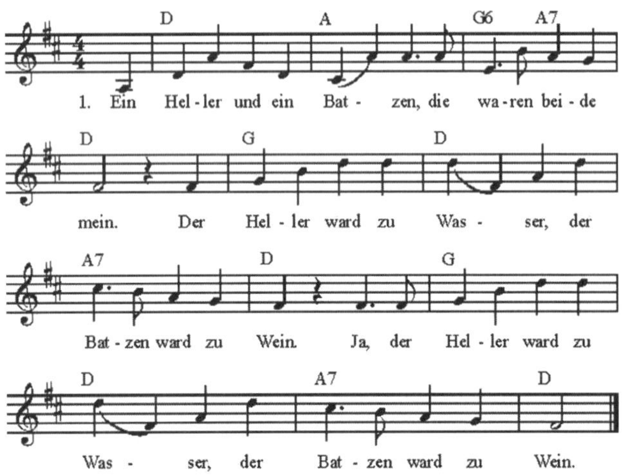

Ein Heller und ein Batzen –
die waren beide mein, ja mein,
der Heller ward zu Wasser –
der Batzen ward zu Wein!

Zwei Jahre nach Gründung des Deutschen Reiches und Ende der Kleinstaaterei 1871 wurde offiziell die Goldmark eingeführt.
Mit der einheitlichen, stabilen Währung kam die Industriealisierung voll in die Gänge. Münzen und Papiergeld reichten für den Zahlungsverkehr nicht mehr aus. Um den bargeldlosen Zahlungsverkehr einzuführen, wurde 1876 die Reichsbank gegründet.

Der Erste Weltkrieg 1914, die danach erfolgte Inflation – für eine Goldmark musste eine Billion Papiergeld bezahlt werden – dann der zweite Weltkrieg, stürzten das gesamte Währungssystem ins Bodenlose. 1948 wurde die „gute, alte“ D-Mark eingeführt. Diese D-Mark hatte einen rasanten wirtschaftlichen Aufschwung zur Folge. Es gab wieder Warenangebote in den Geschäften, da die Bevölkerung erneut Vertrauen zur neuen Währung hatte.

Mit dem Wirtschaftsaufschwung wurde die Zahlung allein mit Bargeld mühselig. So wurde 1956 in Deutschland die Kreditkarte eingeführt, zunächst nur für Händler und Reisende gedacht. Durch die bequeme und einfache Handhabung dieser Zahlungsart beteiligten sich immer mehr Zielgruppen.

2002 ist die Euro-Einführung. Und eigentlich – genau genommen – sind wir wieder soweit wie zur Zeit Karls des Großen 800 n. Chr. Wir haben nämlich

eine einheitliche europäische Währung!

EA

Aufgabe 1: *Nenne die unterschiedlichen Bezeichnungen der Währungen vom Tauschhandel bis zum Euro.*

KOHL VERLAG Der Kreislauf des Geldes – Wie der Zahlungsverkehr in der Wirtschaft funktioniert – Bestell-Nr. 11 431

Hart- und Papiergeld

GELD

Hartgeld	**Papiergeld**
Münzen z. B. 1 €, 1 US $, 5 sfrs.	**Banknoten** z. B. 5 €-, 10 €-Schein
In Deutschland werden Münzen in den folgenden Prägeanstalten hergestellt: A Berlin D München F Stuttgart G Karlsruhe J Hamburg	Die Geldscheine werden in der **Bundesdruckerei GmbH, Berlin** und der **Druckerei Giesecke & Devrient GmbH, München** gedruckt.

Geld ist ein **Tauschmittel**, weil es nicht nur den Bedarf eines Tauschpartners befriedigt, sondern zu weiteren Tauschaktionen einsetzbar ist.

Beispiel:
Frau Maier kauft beim Bäcker Brötchen. Sie bezahlt bar. Mit diesen Erlösen kauft der Bäcker Mehl, Salz, Zucker usw. um weitere Brötchen und Brot backen zu können. Warum akzeptiert der Bäcker das Geld von Frau Maier? Weil unser Geld ein allgemein anerkanntes Zahlungsmittel ist. Dies ist so, da der Staat (D) per Gesetz verpflichtet ist, das Geld unbegrenzt anzunehmen.

Gedecktes und ungedecktes Geld
Bei Münzen spricht man von gedecktem Geld, wenn der Wert der Münze dem Metallwert entspricht, z. B. Gold- und Silbermünzen.
Banknoten – Schuldverschreibungen der Zentralbank – sind gedeckt, wenn ein realer Sachwert – z. B. Gold – hinterlegt ist. Das heißt: Die Zentralbank kann nur soviel Banknoten herstellen, wie sie an Vermögenswerten besitzt. Ungedecktes Geld kann unbegrenzt hergestellt werden.

EA **Aufgabe 2**: *Was ist Geld? Schreibe in dein Heft oder auf die Rückseite.*

EA **Aufgabe 3**: *Wie viel Banknoten kann die Zentralbank maximal drucken?*

KOHL VERLAG Der Kreislauf des Geldes
Wie der Zahlungsverkehr in der Wirtschaft funktioniert – Bestell-Nr. 11 431

Formen und Funktionen des Geldes

➲ **Formen des Geldes**

a. **Münzen/Bargeld**
Von gedecktem Geld spricht man, wenn der Wert der Münze dem Wert des Metalls entspricht z. B. Gold/Silber.
Von Scheidemünzen spricht man, wenn der Metallwert geringer als der Wert der Münze ist = ungedecktes Geld.

b. **Papiergeld/Banknoten**
Ist das Volumen des Papiergeldes durch das Vermögen der Zentalbank gedeckt, spricht man von gedecktem Geld.

c. **Buchgeld/Giralgeld**
Wird Bargeld auf ein Konto einbezahlt, entsteht in gleicher Höhe Buchgeld. Die Gewährung eines Kredites führt zur Erhöhung des Buchgeldes.

➲ **Funktionen des Geldes**

a. **Tausch- und Zahlungsmittel**
In einer naturalen Tauschwirtschaft findet direkter Tausch statt. Geld ist somit ein Vergleichsmittel.

b. **Wertaufbewahrungsmittel**
Du kannst das Geld gleich beim Bäcker ausgeben oder für später aufheben.

c. **Wertmesser/Recheneinheit**
Beim Durchblättern verschiedener Werbemittel kannst du die gleiche Ware beim günstigsten Anbieter kaufen.

Etwas Statistik:

Noten- und Münzumlauf in Mrd. in Deutschland:

per	**Noten**	**Münzen**
Dez. 04	39,7	2,4
Dez. 12	61,8	2,9
Dez. 13	65,7	2,9

EA **Aufgabe 4**: *Was versteht man unter gedecktem Geld? Schreibe auf die Rückseite.*

Aufgabe 5: *Was sind Scheidemünzen?*

Der Kreislauf des Geldes
Wie der Zahlungsverkehr in der Wirtschaft funktioniert – Bestell-Nr. 11 431
KOHL VERLAG Der Verlag mit dem Baum

Sondermünzen und Medaillen

Gedenkmünzen – Sammlermünzen
Die ersten Silbermünzen zeichneten sich durch einen höheren Silbergehalt und durch eine begrenzte Anzahl (Auflagenhöhe) aus.
Es gibt diese Münzen in **„stempelglanz/bankfrisch“** und in **„polierter Platte“**.
Dabei bedeutet stempelglanz, dass die Münzen nach der Prägung durch die Geldzählmaschine in Rollen verpackt wurden. Dadurch gibt es leichte Spuren auf den Münzen.
Dagegen wird die polierte Platte direkt vom Prägestempel in einer Folie verschweißt. Bei der Platte wird die Münze direkt nach der Prägung in einer Folie verschweißt.

Die erste 5-DM-Gedenkmünze, das „Germanische Museum“, wurde 1952 in München - D - geprägt.
Stückzahl: 200.000
Wert heute: (2014): € 600,-- bis € 1.400,--
nach Erhaltungszustand

Die Silbermünze „Fichte in polierter Platte“ hat heute einen Wert von ca € 610,00 .

Dieser Wertzuwachs hat früher viele Sammler dazu bewogen, Gedenkmünzen zu erwerben. Werden Gold- und Silbermünzen am Ausgabetag zum Nennwert bezogen, kann man in der Tat mit einem Wertzuwachs rechnen. Bei Gedenkmünzen von 1967 bis 1986 ergibt sich durch die hohe Stückzahl – 5 bis 8 Millionen – nur ein minimaler Wertzuwachs.

Da alle Sammlermünzen gesetzliches Zahlungsmittel sind, erhält man beim Verkauf den Nennwert, d. h. den Gegenwert für die Zahl, die auf der Münze angegeben ist, zurück.

Werden die DM-Sondermünzen der Bundesbank zum Ankauf angeboten, so ergibt sich folgende Rechnung:

Nennwert der DM-Münzen x € Umrechnungskurs von 1,95583

ergibt den Gegenwert in €.

Medaillen
Zu vielen Events werden Erinnerungsmedaillen hergestellt z. B. Olympische Spiele, Medaille zum Jahr Luthers, Fußballweltmeisterschaften usw..
Medaillen haben im Gegensatz zu Münzen **keinen Nennwert**, das heißt, es gibt keine Wertangabe z. B. 10 €, 5 sfr, 1/2 $. Sie sind reine Erinnerungsstücke. Daher kommen sie als Wertanlage nur bedingt infrage. Bei einer Veräußerung erhält man daher nur den reinen **Metallwert** (Tageswert von Gold bzw. Silber) abzüglich der Schmelzkosten.

KOHL VERLAG
Der Kreislauf des Geldes
Wie der Zahlungsverkehr in der Wirtschaft funktioniert – Bestell-Nr. 11 431

EA **Aufgabe 6**: *Nenne Formen des Geldes.*

EA **Aufgabe 7**: *Was bedeutet der Nennwert einer Münze?*

EA **Aufgabe 8**: *Nenne den Unterschied von Gedenkmünzen und Medaillen.*

EA **Aufgabe 9**: *Wie hoch in Prozent ist der Münzumlauf im Verhältnis zum Banknotenumlauf Ende 2013?*

KOHL VERLAG Der Verlag mit dem Baum
Der Kreislauf des Geldes
Wie der Zahlungsverkehr in der Wirtschaft funktioniert – Bestell-Nr. 11 431

Lebensweisheiten über Geld

Ein kluger Mann lebt weder geistig noch finanziell über seine Verhältnisse.
(Philip Stanhope, Earl of Chesterfield, Briefe an die anstrengende Kunst, ein Gentleman zu werden)

Erfolge bringen Erfolg hervor, genau wie Geld das Geld vermehrt.
(Nicolas-Sébastien de Chanfort, Maximes et Pensées, Caractères et Anecdotes)

Geld ist geprägte Freiheit.
(Fjodor Dostojewski, Aufzeichnungen aus einem Totenhaus, Das Totenhaus)

Geld stinkt nicht!
(angeblicher Ausspruch von Cäsar bei Einführung der WC-Steuer)

Wenn es um Geld geht, gibt es nur ein Schlagwort: Mehr!
(André Kostolany – Für Kapitalanleger und Spekulanten)

Das Leben besteht aus vielen kleinen Münzen und wer sie aufzuheben versteht, hat ein Vermögen.
Jean Anouilh

Aus dem Volksmund:

Mit dem Einkommen auskommen!

Vom 1. bis zum 15. gehe ich aus, vom 15. bis zum 1. geht`s Geld aus!

Groß im Kopf und klein im Sack!

Man sieht mir nicht in den Magen, aber an den Kragen!

Geld regiert die Welt!

Zeit ist Geld!

Geld kommt – Geld geht.
Man sollte nur eine Regel beachten:
Es muß mehr kommen als gehen!

Ein Börsenbesucher fragt den Börsenhändler:
Warum steigen die Aktien denn heute? Die lapidare Antwort:
Mehr Käufer als Verkäufer ...

Der Kreislauf des Geldes
Wie der Zahlungsverkehr in der Wirtschaft funktioniert – Bestell-Nr. 11 431
KOHL VERLAG Der Verlag mit dem Baum

Bargeldverkehr

Als **Zahlungsverkehr** bezeichnet man den Austausch von Zahlungsmitteln zwischen Einrichtungen (Unternehmen, Banken, Verwaltungen und anderen Wirtschaftssubjekten) in einer Volkswirtschaft.

Bargeld

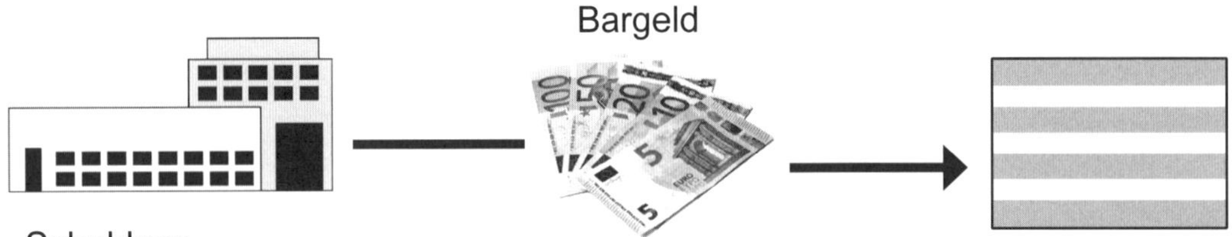

Schuldner

Gläubiger

1. Persönliche Übergabe
2. Postanweisung
3. Übergabe durch Boten

A: Barzahlung

Die verwendeten Zahlungsmittel werden unterschieden in: A: Bargeldverkehr – B: Halbbarer Zahlungsverkehr – C: Bargeldloser Zahlungsverkehr

Bargeldverkehr
Bargeld – Münzen und Banknoten – sind die gesetzlichen Zahlungsmittel mit einer Wertangabe. Die Zahlung mit Bargeld hat schuldbefreiende Wirkung, das heißt, mit der Zahlung von Bargeld gilt die Verpflichtung eines Schuldners gegenüber einem Gläubiger als erfüllt.
Bei Banknoten besteht unbeschränkter Annahmezwang, bei Münzen besteht – mit Ausnahme der Kreditinstitute und der Post – beschränkter Annahmezwang.

> **§ 3 des Münzgesetzes**
> (1) Niemand ist verpflichtet, deutsche Euro-Gedenkmünzen im Betrag von mehr als 200 Euro bei einer einzelnen Zahlung anzunehmen. Erfolgt eine einzelne Zahlung sowohl in Euro-Münzen als auch in deutschen Euro-Gedenkmünzen, ist niemand verpflichtet, mehr als 50 Münzen anzunehmen; dies gilt auch dann, wenn der Gesamtbetrag 200 Euro unterschreitet.

Dem Vorteil der schuldbefreienden Wirkung steht der Nachteil des hohen Verlustrisikos, aufwendigen sicheren Aufbewahrung und der Nichtverzinsung gegenüber.

Das alleinige Recht auf die Ausgabe von Euro-Münzen und Euro-Banknoten hat die Europäische Zentralbank (EZB). Euro-Münzen und Euro-Banknoten sind ab 2002 gesetzliches Zahlungsmittel im EWU-Wirtschaftsraum.

Der Kreislauf des Geldes
Wie der Zahlungsverkehr in der Wirtschaft funktioniert – Bestell-Nr. 11 431
KOHL VERLAG Der Verlag mit dem Baum

Halbbarer Zahlungsverkehr

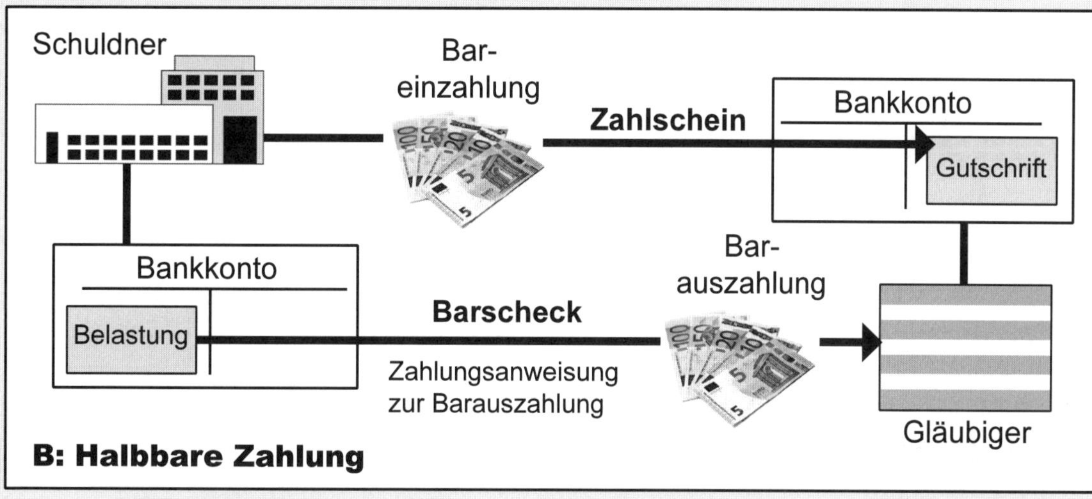

Hier wird der Zahlungsvorgang teils bar, teils unbar vorgenommen. Das bedeutet: Mindestens ein Beteiligter muss ein Konto besitzen.
Halbbare Zahlungsmittel sind der Barscheck, der Zahlschein und die Nachnahme.

Barscheck:

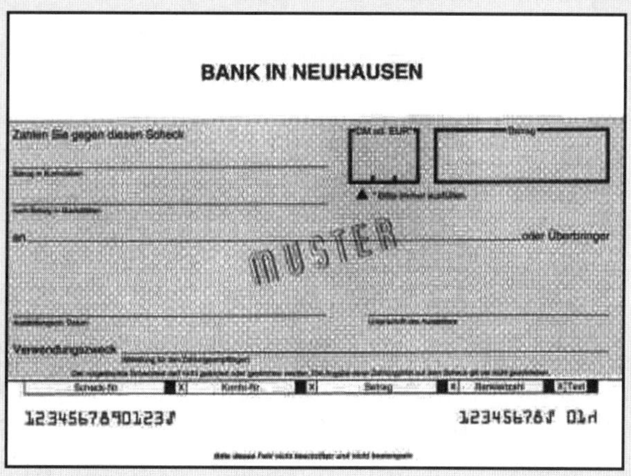
BANK IN NEUHAUSEN

Zahlen Sie gegen diesen Scheck

oder Überbringer

MUSTER

Verwendungszweck

Zahlschein/ Überweisung:

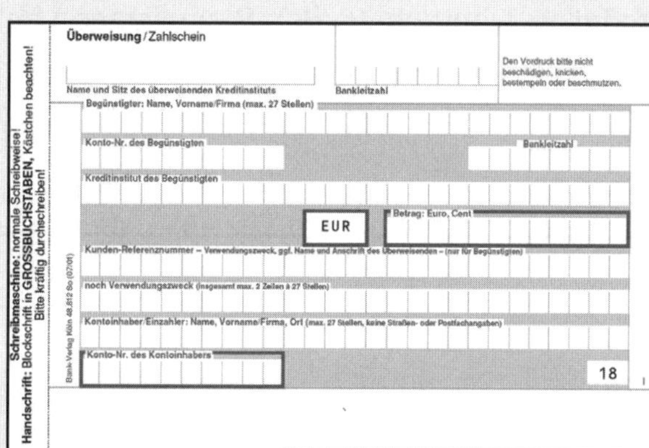
Überweisung / Zahlschein

Name und Sitz des überweisenden Kreditinstituts | Bankleitzahl

Den Vordruck bitte nicht beschädigen, knicken, bestempeln oder beschmutzen.

Begünstigter: Name, Vorname/Firma (max. 27 Stellen)

Konto-Nr. des Begünstigten | Bankleitzahl

Kreditinstitut des Begünstigten

EUR | Betrag: Euro, Cent

noch Verwendungszweck

Kontoinhaber/Einzahler: Name, Vorname/Firma, Ort

Konto-Nr. des Kontoinhabers | 18

Datum, Unterschrift

Nachnahme: Die Versendung von Waren per Nachnahme wird noch, insbesondere vom Versandhandel, genutzt. Dabei wird die Ware durch die Post oder einen anderen Paketdienst an den Empfänger nur dann ausgeliefert, wenn er sofort bar bezahlt. Der eingezogene Betrag wird dem Zahlungsempfänger (Lieferant) anschließend auf ein Girokonto überwiesen.

Bargeldloser Zahlungsverkehr

C Bargeldlose Zahlung

Die heutzutage sicher beliebteste Form ist die unbare Zahlung – auch Übertragung von elektronischem Geld. Zur Abwicklung der unbaren Zahlung benötigen alle Beteiligten ein Konto. Durch **Überweisung, Lastschrift** oder **Verrechnungsscheck** verfügt der Zahlungspflichtige über Buchgeld.

Formen des bargeldlosen Zahlungsverkehrs

- Überweisung
- Dauerauftrag (gleiche Empfängerangaben, gleicher Betrag und Termin)
- Lastschrift (Empfänger zieht das Geld ein)
- Verrechnungsscheck
- Bankcard, Kreditkarten

Bedeutung des bargeldlosen Zahlungsverkehrs

Der bargeldlose Zahlungsverkehr wird in den letzten Jahren verstärkt genutzt, da er sicher und bequem ist. Das Risiko der Bargeldhaltung wird reduziert. Ebenso vereinfachen sich die Zahlungen. Der Massenzahlungsverkehr wurde erst durch die bargeldlose Zahlung möglich. Dadurch werden Sichteinlagen bei den Banken geschaffen, die die Voraussetzung für die Kreditvergabe sind.

EA **Aufgabe 1:** *Welche Zahlungsmittel zum Bezahlen einer Rechnung kennst du?*

____

____

EA **Aufgabe 2:** *Erkläre, was halbbare Zahlungsmittel sind.*

EA **Aufgabe 3:** *Mit welcher Zahlungsart könntest du deinen Eltern deine monatlichen Lebenshaltungskosten von € 50,00 bezahlen?*

KOHL VERLAG Der Verlag mit dem Baum
Der Kreislauf des Geldes
Wie der Zahlungsverkehr in der Wirtschaft funktioniert – Bestell-Nr. 11 431

– Überweisung / Online-Banking

SEPA – die neue EURO-Überweisung ab August 2014:

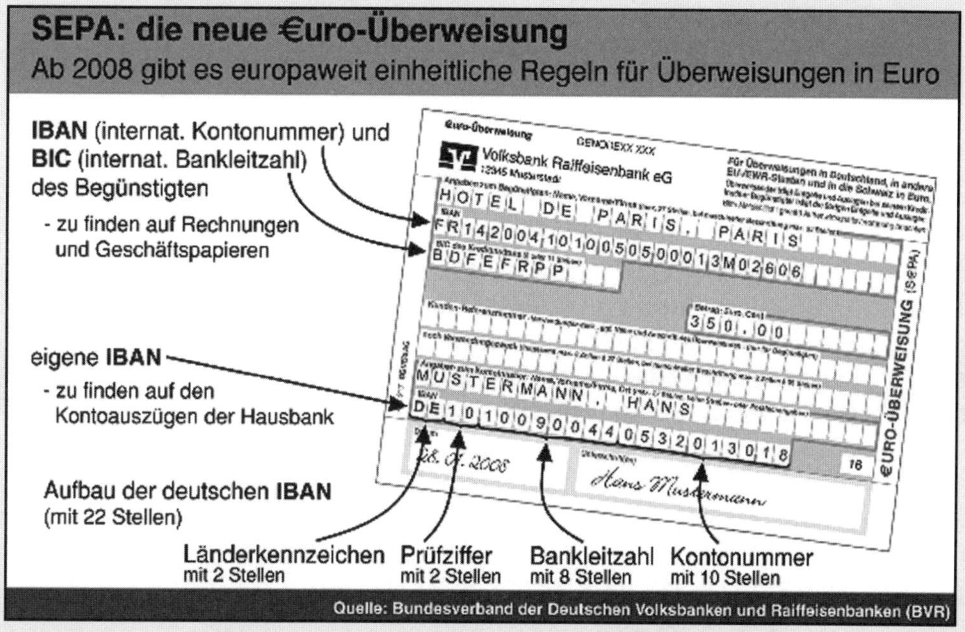

An der **S**ingle **E**uro **P**ayments **A**rea nehmen 34 Länder teil – die 28 EU-Staaten, die drei Länder des übrigen Europäischen Wirtschaftsraums (EWR) sowie die Schweiz, Monaco und San Marino. Mit dem einheitlichen Euro-Zahlungsverkehrsraum SEPA wird der Zahlungsverkehr im Binnenmarkt vereinheitlicht.

Für Industrie und Gewerbe ist es ziemlich zeitraubend, täglich die vielen Überweisungen auszufüllen und zur Bank zu bringen. Deshalb gibt es den **Online-Banking-Zugang**, also Überweisungen per Internet. Diesen Vorteil nutzen auch immer mehr Privatpersonen.
Bequem per Mausklick hat das Online-Banking noch weitere Vorteile:

- Kontoauszug rund um die Uhr
- schneller Zugriff aufs Girokonto
- flexibel in jedem Winkel der Welt
- übersichtliche Kontoführung
- kombinierbar mit Telefon-Banking

EA **Aufgabe 4**: *Wie setzt sich der IBAN zusammen?*

____

____

____

EA **Aufgabe 5**: *Welcher Aspekt ist im Blick auf die Sicherheit im Online-Banking wichtig? Schreibe auf die Rückseite.*

– EC-Karte und Reisescheck

Du bist jetzt volljährig und du hast auch eine EC-Karte erhalten, mit der du in Geschäften bezahlen und am Automaten Geld ziehen kannst.

Was passsiert, wenn diese Karte verloren geht?
Bei deiner Bank mußtest du bei der Kartenausgabe eine Empfangsbescheinigung über den Erhalt unterschreiben. Außerdem bekommst du wieder gegen Unterschrift eine **PIN** (Persönliche Identifikationsnummer/personal identification number). Diese in der Regel **vierstellige** Nummer muß du entweder **auswendig** lernen oder aber die Nummer **getrennt** von der EC-Karte aufbewahren.
Verlierst du deinen Geldbeutel mit Karte und Nummer, so mußt du umgehend deiner Bank den Verlust melden, damit deine Karte gesperrt wird. Bis zur Sperre kann der Finder ohne Fälschung dein Konto abräumen, da er mit der Karte und der PIN, deiner Unterschrift, Geld vom Automaten erhält. Wird die Verfügung **vor** der Sperrmeldung getätigt, bleibst du auf € 50,00 sitzen. Beträge darüber werden von der Bank erstattet, sofern keine grobe Fahrlässigkeit vorliegt. Die Beweisführung liegt allerdings bei dir. Verfügungen nach erfolgter Sperrung werden komplett von deiner Bank übernommen. Nach der Sperrung der Karte zieht der Automat sie automatisch ein.

Merke!

➔ Schreibe niemals die PIN auf die EC-Karte oder auf einen Zettel im Geldbeutel.
➔ Verrate niemandem deine PIN.
➔ Achte darauf, dass dich niemand bei der Eingabe der PIN beobachtet.
➔ Lass die Karte nie frei herumliegen.
➔ Verwahre die Karte niemals im Auto.
➔ Gib die EC-Karte beim Bezahlen in Geschäften/Restaurants nicht unbeaufsichtigt aus der Hand.
➔ Prüfe die Kartenabrechnung immer auf Richtigkeit.
➔ Lass die Karte bei Verlust, Diebstahl oder vermutlichem Missbrauch sofort sperren.

Für eine Auslandsreise eignen sich die EC-Karte, eine Visa- oder Mastercard oder aber **Reiseschecks** in € oder $. Diese Schecks werden beim Kauf in der Bank unterschrieben. Bei der Einlösung im Ausland erfolgt die zweite Unterschrift vor dem Bankmitarbeiter. Zusätzlich kann er noch den Personalausweis/Reisepass verlangen.

EA
__Aufgabe 6__: *Warum solltest du die PIN deiner EC-Karte auswendig lernen?*

EA
__Aufgabe 7__: *Was ist zu tun, wenn du den Verlust deiner EC-Karte feststellst?*

– Schecks

Juristisch ist der Scheck eine Urkunde, die eine unbedingte Anweisung des Ausstellers an seine Bank enthält, an jemanden die im Scheck genannte Summe zu zahlen.

Scheckbestandteile
Der Scheck ist ein Wertpapier, das der Formstrenge unterliegt.

Die zwingenden Bestandteile sind:

1. Bezeichnung als Scheck
2. Anweisung zur Zahlung einer Summe
3. Name des Bezogenen
4. Zahlungsort
5. Tag und Ort der Ausstellung
6. Unterschrift des Ausstellers

Musterbank GmbH
DE
Zahlen Sie gegen diesen Scheck
EUR
Betrag: Euro, Cent
Betrag in Buchstaben
noch Betrag in Buchstaben
an oder Überbringer
Ausstellungsort, Datum
Unterschrift des Ausstellers
Scheck-Nr. | Konto-Nr. | Betrag | Bankleitzahl | Text
01H
Bitte dieses Feld nicht beschriften und nicht bestempeln

Will man seine Einkäufe mit Scheck bezahlen, so muß man zuerst die Scheckformulare bei seiner Bank beantragen. Es wird ein Scheckvertrag (Geschäftsbesorgungsvertrag) zwischen dir (Kunde) und der Bank abgeschlossen.

Jedoch ist im privaten Bereich die Bezahlung mit Scheck nicht mehr gebräuchlich, da er durch die **Bankcard** abgelöst wurde.

EA

<u>Aufgabe 8</u>: *Nenne die sechs gesetzlich vorgeschriebenen Scheckbestandteile.*

____

____

____

____

____

– Schecks

Barscheck
Jeder Inhaber des Schecks kann den Gegenwert bei der bezogenen Bank in bar abheben. In der Regel wird er jedoch einem Konto gutgeschrieben und per Verrechnung dem Aussteller belastet.

Verrechnungsscheck
Er wird hauptsächlich im Geschäftsverkehr eingesetzt, wenn Unternehmen die erhaltene Ware ihrer Lieferanten bezahlen. Auf dem Scheckformular ist quer der Vermerk „Nur zur Verrechnung“ (bereits im Vordruck) angebracht. Dieser Scheck wird immer über ein Konto verrechnet. Ein Barscheck wird durch Anbringen der Worte „Nur zur Verrechnung bzw. durch zwei Querstriche“ zum Verrechnungsscheck.

Überbringer- oder Inhaberscheck
Das bedeutet, dass die Bank an jeden Inhaber, der den Scheck vorlegt oder zur Gutschrift einreicht das Geld auszahlt/gutschreibt. Die Bank muß die Berechtigung des Inhabers nicht prüfen. Der Überbringerscheck wird nur bei der kontoführenden Stelle in bar ausbezahlt.

Bei einer Schecksperre lösen die Banken einen Scheck nicht mehr ein.
Die 6-monatige Sperrfrist laut Scheckgesetz wird von den Banken – Ausnahme Sparkassen – nicht mehr beachtet.

Bestätigte Bundesbank-Schecks
Benötigt ein Kunde einen bestätigten Scheck, so stellt die Bank (Aussteller) einen Scheck auf ihr eigenes Bundesbankkonto aus und lässt durch die Bundesbank den Bestätigungsvermerk anbringen. Nur die Bundesbank kann eine Scheckbestätigung abgeben. Diese Schecks benötigt ein Kunde bei Gericht oder Versteigerungen.

EA

Aufgabe 9: *Fasse die verschiedenen Scheckarten kurz zusammen.*

KOHL VERLAG Der Verlag mit dem Baum
Der Kreislauf des Geldes
Wie der Zahlungsverkehr in der Wirtschaft funktioniert – Bestell-Nr. 11 431

– Wechsel

Wenn ich sage:
„mein Auto läuft auf Wechsel“

meint Frau Otto:
„meins auf vier Rädern“

... und der Rest der Gruppe lacht!

Der Wechsel hat im privaten Bereich keinen guten Ruf. Warum? Es wird unterstellt, dass der Bezogene (Schuldner) nicht „flüssig“ ist.
Der Wechsel ist eine Urkunde mit der Anweisung des Ausstellers, eine bestimmte Geldsumme an einem bestimmten Tag und Ort an die im Wechsel genannte Person zu zahlen.

Bestandteile des Wechsels

1. Bezeichnung »Wechsel« im Text der Urkunde
2. Unbedingte Zahlungsanweisung
3. Name des Bezogenen
4. Angabe der Verfallzeit
5. Angabe des Zahlungsortes
6. Name dessen, an den oder dessen Order zu zahlen ist
7. Tag und Ort der Ausstellung
8. Unterschrift des Ausstellers

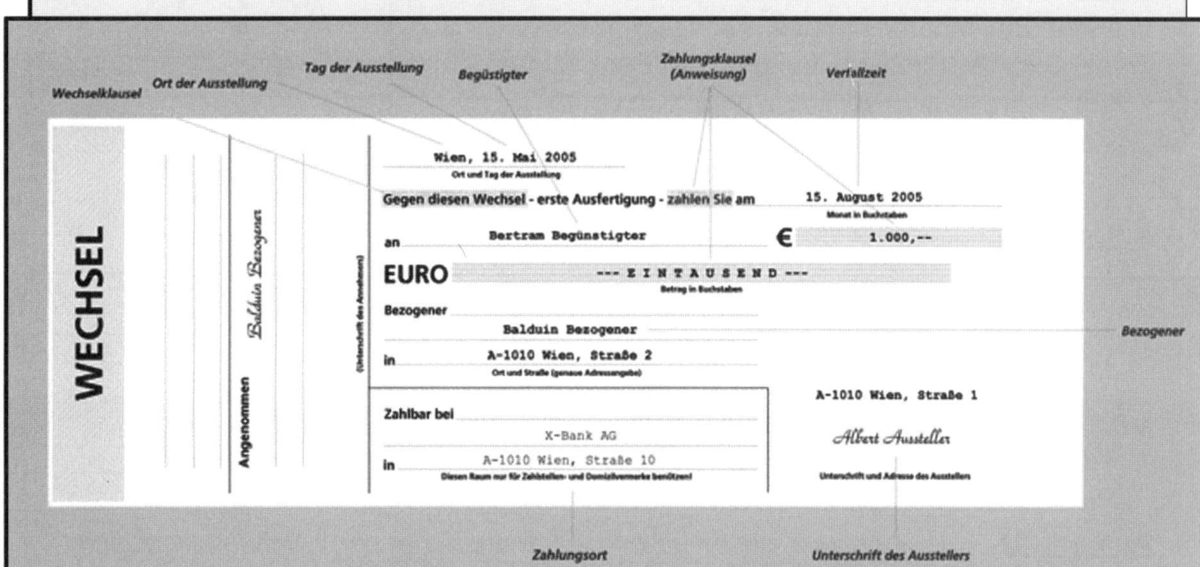

Der Wechsel ist ein Instrument des Zahlungsverkehrs, das ein Zahlungsziel beinhaltet und somit gleichzeitig **Kredit- und Sicherungsmittel** ist.

KOHL VERLAG Der Verlag mit dem Baum
Der Kreislauf des Geldes
Wie der Zahlungsverkehr in der Wirtschaft funktioniert – Bestell-Nr. 11 431

– Wechselformen

1. Gezogener Wechsel
Zahlungsanweisung des Ausstellers an den Bezogenen, eine bestimmte Geldsumme zu einem bestimmten Zeitpunkt an den durch die Wechselurkunde legitimierten zu zahlen. Erkennt der Bezogene diese Verpflichtung durch seine Unterschrift an, wird aus der Zahlungsanweisung (Tratte) eine Zahlungsverpflichtung (Akzept).

2. Solawechsel oder eigener Wechsel
Zahlungsversprechen des Ausstellers, eine bestimmte Geldsumme zu einem bestimmten Zeitpunkt an den durch die Wechselurkunde Legitimierten zu zahlen. Aussteller und Bezogener sind identisch. *Beispiel:* Die Hauptstelle der Unternehmung zieht einen Wechsel auf eine Zweigstelle der gleichen Firma.
Beispiel: Die Hauptstelle hat der Zweigstelle Waren geliefert. Bezahlt werden muss aber erst später – in 90 Tagen – , da davon ausgegangen wird, dass bis dann die Ware verkauft ist und somit das Geld für die Wechseleinlösung vorhanden ist.

Der Gläubiger aus einer Wechselforderung ist durch das Eigentum am Wechsel legitimiert. Die Übereignung eines Wechsels erfolgt durch das Indossament (indosso, ital. = auf dem Rücken) und der Übergabe. Der Übertragende heißt Indossant, derjenige, der das Papier erhält, Indossat oder Indossatar. Durch Indossament und Übergabe überträgt der alte Wechselgläubiger seine Rechte an den neuen Gläubiger. Die Indossamente müssen eine lückenlose Kette vom ersten bis zum letzten Wechselgläubiger bilden. Ausnahme: Blankoindossament.
Wechsel unterliegen der Wechselstrenge. Diese zeigt sich beispielsweise
... in den Formvorschriften für den Wechsel,
... in der Haftung aller Wechselverpflichteten,
... in den Vorschriften über Fristen und Rechtshandlungen bei Einlösung oder Nichteinlösung des Wechsels,
... in den Besonderheiten des Wechselprozesses (ein Urkundenprozess, bei dem der Berechtigte sehr schnell einen vollstreckbaren Titel erhält).

EA **Aufgabe 10:** *Was versteht man unter einem Wechsel im Zahlungsverkehr?*

____

____

____

EA **Aufgabe 11:** *Welche zwei gesetzlichen Bestandteile hat der Wechsel zusätzlich gegenüber dem Scheck?*

____

____

KOHL VERLAG Der Verlag mit dem Baum
Der Kreislauf des Geldes
Wie der Zahlungsverkehr in der Wirtschaft funktioniert – Bestell-Nr. 11 431

Kredit an Minderjährige

Azubi fragt:

Bekomme ich auch einen Kredit?

Ja, wenn du dein 18. Lebensjahr vollendet hast.

„Es wächst eine Generation heran, die hoch verschuldet ist, bevor sie ihren Lebensunterhalt verdienen kann.“
(New York Times)

Rechtliche Lage

Jugendliche bis zur Vollendung des 18. Lebensjahres sind nur „beschränkt geschäftsfähig“, das bedeutet, dass du, so lange du minderjährig bist, für alle Rechtsgeschäfte und damit auch für Bankgeschäfte die Einwilligung deiner gesetzlichen Vertreter, also deiner Eltern (Erziehungsberechtigten) benötigst.

Verträge ohne Einwilligung der gesetzlichen Vertreter sind so lange unwirksam, bis die Eltern nachträglich ihre Genehmigung gegeben haben. (Gilt nicht für kleinere Käufe, die noch im Rahmen deines Taschen- oder Geburtstagsgeldes liegen.)

Bei Kreditgeschäften von Minderjährigen reicht die Unterschrift der Eltern **nicht** aus Es **muss** auch eine Genehmigung des Vormundschaftsgerichts vorliegen.

Diese gesetzliche Regelung gilt für alle Kreditformen, also auch für Dispositionskredite, Abzahlungskäufe oder auch für Kunden- und Euroscheckkarten, die eine Kontoüberziehung auslösen könnten.

Wenn du als Minderjähriger einen Ausbildungsplatz ergattert hast, müssen deine Eltern diesen Vertrag mit unterschreiben. Alle Geschäfte, die du auf Grund deines Ausbildungsvertrages tätigst, sind mit deiner Unterschrift rechtswirksam. Das gilt z. B. bei der Kontoeröffnung, damit dein Chef dir deine Ausbildungsvergütung überweisen kann.

Eine **Bankcard** kannst du bei der Bank beantragen und wirst sie auch erhalten, da Abhebungen nur aus Guthaben möglich sind.
Anderst ist es bei der **EC-Karte**. Hier hättest du die Möglichkeit, Geld vom Konto abzuheben, obwohl der Kontostand nicht ausreicht. Dies wäre ein nicht genehmigter Kredit und der ist ohne die Unterschrift des Vormunds – s. oben – nicht möglich. Die Bank könnte eine so entstandene Überziehung nicht einklagen, sondern müsste sie abschreiben. Folge: Dein Kontovertrag würde sofort aufgehoben.

Der Kreislauf des Geldes
Wie der Zahlungsverkehr in der Wirtschaft funktioniert – Bestell-Nr. 11 431

Kreditarten

Was ist ein Kredit? Das Wort stammt vom lateinischen credere = „glauben“. Das heißt: derjenige der Geld gibt, glaubt, dass er es wieder zurückbekommt.

Die Banken verlangen für die Überlassung von Geld einen Zins. Diese Erlöse benötigen sie, um Löhne und Gehälter der Mitarbeiter oder Mieten, Strom und Heizung zu bezahlen. Außerdem müssen die Banken „Rücklagen“ bilden, um ein Polster für Krisenzeiten zu haben. Dadurch können die Institute nicht alle Einlagen als Kredite verleihen.
Wie jede Unternehmung, benötigen auch die Banken Eigenkapital. Mindestens 8% der mit Risiken behafteten Forderungen müssen mit Eigenkapital unterlegt werden. Die verbleibenden 92 % können sie über Verbindlichkeiten (z. B. Einlagen von Sparern) finanzieren.
Die Vergabe von Krediten durch Banken erhöht die Geldmenge, die Rückzahlung wiederum reduziert sie. Die Bank überlässt dem Kreditnehmer (Kunde) selbst erzeugtes Geld gegen Zahlung eines Zinses = Sollzins.

Habenzinsen bezahlt die Bank für Einlagen, die sie von Kunden erhalten hat.

Es gibt Kreditarten nach ...

- **Laufzeit**
  - kurzfristig < 6 Monate
  - mittelfristig
  - langfristig > 4 Jahre
- **Höhe**
  - Mikrokredit
  - Kleinkredit
  - Mittelkredit
  - Millionenkredit
  - Großkredit

- **Sicherheiten**
  - Blankokredit – ungesichert
  - teilgedeckt mit Blankoanteil
  - vollgedeckt
- **Art der Besicherung**
  - Personalkredit (guter Leumund des Kunden)
  - Sachkredit (Waren, Maschinen)
  - Realkredit / Wohnbaukredit (Hypotheken und Grundschulden)
- **Status**
  - intakter Kredit (regelmäßige Ratenzahlungen)
  - gefährdeter Kredit (Raten fallen ab und zu aus, werden aber bezahlt)
  - notleidender Kredit (Raten werden unregelmäßig und verspätet bezahlt)
  - ausgefallener Kredit (keine Zahlungen mehr)

KOHL VERLAG Der Kreislauf des Geldes
Wie der Zahlungsverkehr in der Wirtschaft funktioniert – Bestell-Nr. 11 431

Weitere Kreditarten nach ...

➲ **Kreditgeber**
- Bankkredit
- Lieferantenkredit
- Arbeitgeberdarlehen
- Privatkredit
- Staatskredit
- Organkredit (Kredit an Personen, die einen Einfluß auf die Entscheidungen des Kreditinstitutes haben z. B. Vorstand der AG, Geschäftsstellenleiter)

➲ **Bereitstellung**
- Barkredit
- Dispositionskredit (mit Bank vereinbarter Rahmen)
- Überziehungskredit (von der Bank geduldeter zusätzlicher Kreditrahmen)
- Warenkredit
- Kreditleihe (Kreditgeber Bank und Kreditnehmer Kunde/Mieter sind Schuldner gegenüber einem Dritten: Vermieter – Mietkaution)
- Kreditgeber (Bank) und Kreditnehmer (Mieter) sind Schuldner gegenüber einem Dritten (Vermieter) z. B. Mietkaution

➲ **Verwendung**
- Konsumkredit (Privatpersonen)
- Investitionskredit (Unternehmen langfristig)
- Betriebsmittelkredit (Unternehmen kurzfristig)
- Wohnbaukredit
- Zwischenkredit
- Effektenkredit
- Import-/Exportkredit

EA **<u>Aufgabe 1</u>:** *Was bedeutet Kredit?* ____________________

____

____

EA **<u>Aufgabe 2</u>:** *Nenne Kreditarten. Schreibe auf die Rückseite oder in dein Heft.*

EA **<u>Aufgabe 3</u>:** *Wie wirkt sich die Kreditvergabe auf die Geldmenge aus?*

EA **<u>Aufgabe 4</u>:** *Wer erhält beim Organkredit das Geld?*

Der Kreislauf des Geldes
Wie der Zahlungsverkehr in der Wirtschaft funktioniert – Bestell-Nr. 11 431
KOHL VERLAG Der Verlag mit dem Baum

Kreislaufmodell – Allgemeines

Um **wirtschaftswissenschaftliche Vorgänge** darstellen zu können, bedient man sich grundlegender wirtschaftswissenschaftlicher Modelle.

Anders formuliert:
Was für die amerikanischen Ureinwohner die Landbrücke (Beringstraße) war, sind für die Volkswirtwirtschaft Modelle, mit deren Hilfe man die Tauschaktionen innerhalb einer Volkswirtschaft sichtbar machen kann.

Die Idee eines **Modells für Wirtschaftskreisläufe** geht auf Richard Cantillon zurück. Die Annahme ist, dass Geld- und Güterströme wertmäßig gleich sind (geschlossener Kreislauf), aber in gegenläufigen Richtungen verlaufen. Man kann sich auch den Verlauf von Geld- und Güterströmen sozusagen als Landbrücke denken: Der Hinweg ist so lang wie der Rückweg und bleibt daher unverändert.

Richard Cantillon (1680 – 1734)

Man fasst Wirtschaftssubjekte – private Haushalte und Unternehmen – im einfachen Wirtschaftskreislauf **zu Sektoren zusammen**. Die Kreislaufanalyse kann durch verschiedene Methoden darstellen, wie sich die einzelnen Sektoren zueinander verhalten. Als sehr einfach hat sich ein Schaubild mit Richtungspfeilen erwiesen.

Man kann sich **verschiedener Kreislaufmodelle** bedienen, die allesamt ein reduziertes Abbild der realen Tauschbeziehungen sein können. Das Modell des einfachen Wirtschaftskreislaufs geht nur von zwei Sektoren aus. Beim erweiterten Wirtschaftskreislauf kommen noch die **Kapitalsammelstellen (Banken)** und der **Staat** hinzu. Das Modell des vollständigen Wirtschaftskreislaufs wird noch um das **Ausland** erweitert.
Aus der **Analyse dieser Modelle** können Erkenntnisse über die Beziehungen und Abhängigkeiten der einzelnen Sektoren gewonnen werden. Die **volkswirtschaftliche Gesamtrechnung** beruht auf dem Modell des Wirtschaftskreislaufs.

Im staatlichen Sektor stellt die öffentliche Finanzwirtschaft einen Teil der Volkswirtschaft dar. Sie kann in die Faktoren **Investition, Finanzierung und Risikomanagement** gegliedert werden. Im Zentrum eines Unternehmens stehen die finanziellen Belange. Besonders wichtig ist die Frage, wie das Unternehmen zu Kapital kommt, und für welche Zwecke dieses Kapital dann genutzt wird. Den Erwerb von Kapital bezeichnet man als **Finanzierung** und die Anlage des Geldes in bestimmte Projekte als **Investition**.
Die Deutsche Gesellschaft für Finanzwirtschaft fördert finanzwirtschaftliche Forschungen und die Beziehung zwischen Wissenschaft und ihrer praktischen Umsetzung. Eine weitere Aufgabe ist die, internationale Beziehungen zu stärken.

KOHL VERLAG Der Verlag mit dem Baum
Der Kreislauf des Geldes
Wie der Zahlungsverkehr in der Wirtschaft funktioniert – Bestell-Nr. 11 431

Wertströme und Sektoren

Allgemeines

François Quesnay (1694 – 1774)

Der Begriff des Wirtschaftskreislaufes wurde bereits im 18. Jahrhundert von dem Franzosen François Quesnay geprägt. Er beschrieb damit als Erster das Schema des wirtschaftlichen Kreislaufs. Er bezieht sich dabei auf das Zirkulieren von Waren, Dienstleistungen und Zahlungsmitteln in einem Wirtschaftssystem. Hier wird das allgemeine Bild eines geschlossenen Kreislaufs wie zum Beispiel in der Natur (Blutkreislauf) auf die Wirtschaft übertragen. Früher dominierte der Tausch Ware gegen Ware, aber heute erfolgt nahezu ausschließlich ein Handel zwischen Gut und Geld. Somit zeigte Quesnay bereits die gegenläufigen Beziehungen zwischen Geld- und Güterströmen.

Wertströme

Der Ausgangspunkt der heutigen Kreislaufvorstellung unserer Wirtschaft sind zwei Wertstöme (nach F. Quesnay):

Der **Güterstrom** – Waren, Arbeits- und Dienstleistung ist der **reale Strom**.
Der **Geldstrom** – wird auch als **monetärer Strom** bezeichnet.

Der Geldstrom verläuft meist entgegen dem Güterstrom, da Güter mit Geld bezahlt werden und somit Geld die Gegenleistung für die Güter bildet.

Beteiligte im Wirtschaftsprozess – Sektoren

Die Geld- und Güterströme fließen in der Kreislaufbetrachtung zwischen **vier Sektoren**:

den **Haushalten**, den **Unternehmen**, dem **Staat** und dem **Ausland**.

Will man jedoch den Kreislauf vollständig betrachten, muss man die Banken als fünften Sektor mit einbeziehen, da sie als „Motor des Geldkreislaufs" wirken.

Ein **Haushalt** im Wirtschaftskreislauf kann Konsument, Sparer, Anbieter von Arbeit (Arbeiter/Angestellter) oder Kapital (Spareinlagen) sein = **Produktionsfaktoren**. Ein **Unternehmen** ist eine organisatorische Einheit, die Waren und Dienstleistungen herstellt/produziert und diese am Markt anbietet. Eine **Bank** ist eine Kapitalsammelstelle, die von den Haushalten und den Unternehmen Geld/Kapital sammelt und als Kredit an die Unternehmen und Haushalte weitergibt.

Der eine spart, der andere braucht Geld, das er noch nicht hat.
Das muss organisiert werden. Das nennt man Bank.

Wolfgang Schäuble, Stern Nr. 48/2008 vom 20.November 2008, S. 53

Der Kreislauf des Geldes
Wie der Zahlungsverkehr in der Wirtschaft funktioniert – Bestell-Nr. 11 431
KOHL VERLAG Der Verlag mit dem Baum

Einfacher Wirtschaftskreislauf

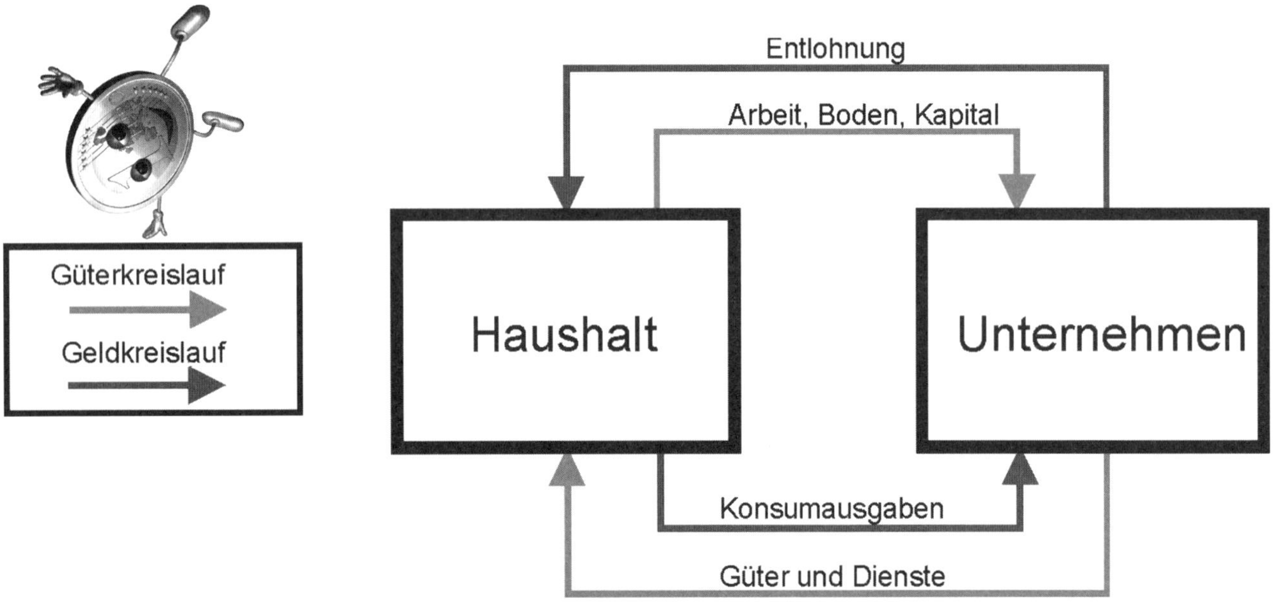

Der vereinfachte Wirtschaftskreislauf beschränkt sich auf die Sektoren **Unternehmen** und **Haushalte**.

Die Haushalte bieten den Unternehmen ihre **produktiven Dienste** (Güterstrom) an, vor allem in Form von **Arbeitsleistungen**. Sie sind die auf dem Markt befindlichen **Produktionsfaktoren**. Die Unternehmen nehmen diese Leistungen in Anspruch und zahlen den Haushalten dafür ein Einkommen (Geldstrom) in Form von **Löhnen, Gehältern, Zinsen und Gewinnen**. Diese stellen für die Unternehmen Ausgaben dar. Ihr Geldeinkommen investieren die Haushalte in Güter, welche die Unternehmen produzieren und bereitstellen.

Die Gelder, die die Haushalte ausgeben, um Güter zu erhalten (Güterstrom), fließen den Unternehmen als Einnahmen (Geldstrom) zu.

Für den geschlossenen Kreislauf gilt, dass an jedem Pol (Sektor) die Summe aller zufließenden Ströme der Summe aller abfließenden Ströme entsprechen muss. So müsste zum Beispiel ein Haushalt, der für seine Arbeitsleistungen (Güterstrom) ein Einkommen (Geldstrom) erhält, dieses wieder ausgeben (Geldstrom), um Güter zu kaufen (Güterstrom).

Die Volkswirtschaft befindet sich im Modell des einfachen Wirtschaftskreislaufes in einem Ruhezustand. Es findet weder ein Wachstum noch eine Verringerung der Produktion statt.

KOHL VERLAG Der Kreislauf des Geldes
Wie der Zahlungsverkehr in der Wirtschaft funktioniert – Bestell-Nr. 11 431

Erweiterter Wirtschaftskreislauf

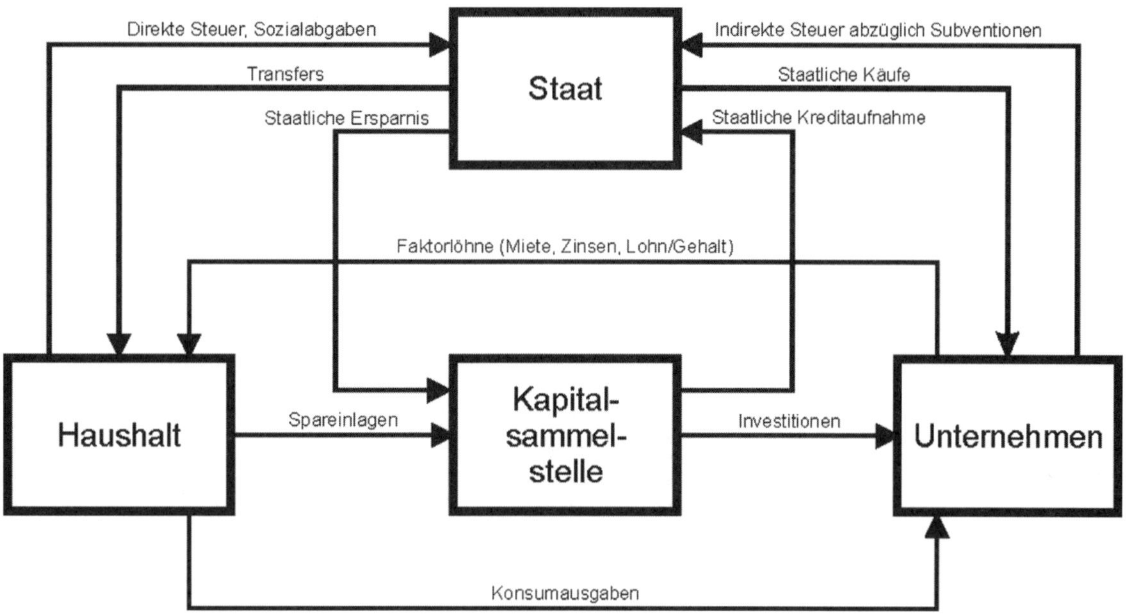

Das Modell des erweiterten Wirtschaftskreislaufs versteht sich als Erweiterung des einfachen Wirtschaftskreislaufs. Es wird unterstellt, dass die Haushalte nicht ihr gesamtes Einkommen konsumieren, sondern ihr Geld anlegen bzw. sparen.

Auch die von den Unternehmen produzierten Güter werden teilweise investiert. Aus diesen Ersparnissen entsteht Einkommen als Zinsertrag. Außerdem benötigen sowohl Unternehmer als auch Haushalte Kredite. Die Abwicklung der Vermögensbildung wird über die **Kapitalsammelstelle** (Bank) vorgenommen. Diese sammelt die Ersparnisse der Haushalte und gibt sie in Form von Krediten an die Unternehmen weiter.

Ein weiterer Sektor, der dem erweiterten Wirtschaftskreislauf hinzugefügt wird, ist der **Staat**. Dieser erhält Steuern von den Haushalten sowie von den Unternehmen. Aber auch der Staat tätigt Ausgaben, zum einen in Form von Sozialleistungen an die Haushalte (z. B. Kindergeld) oder durch Staatseinkäufe bei den Unternehmen. Auch er ist mit der Kapitalsammelstelle verbunden: Dort wird Kapital angelegt und Kredite aufgenommen. Ein nicht unerheblicher Ausgabenblock des Staates sind die Subventionen an die Unternehmen und die Transferzahlungen an die Haushalte (z. B. Kindergeld, Hartz IV).

Der Geldstromkreislauf ist geschlossen, wenn Ersparnisse und Investitionen gleich groß sind. Sind die Investitionen geringer als die Ersparnisse, tritt der Fall ein, dass die Unternehmen weniger Einkommen an die Haushalte zahlen können. Dadurch nimmt die Wirtschaftsleistung ab – eine Stagnation – Rückgang – ist die Folge.

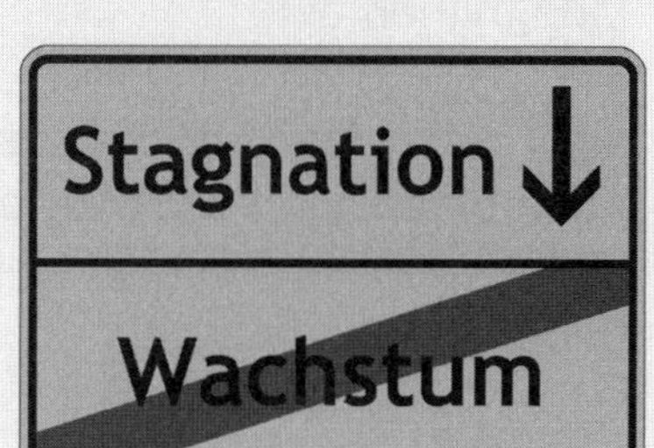

(aus: Wirtschaft & Finanzen 2012)

Offener Wirtschaftskreislauf

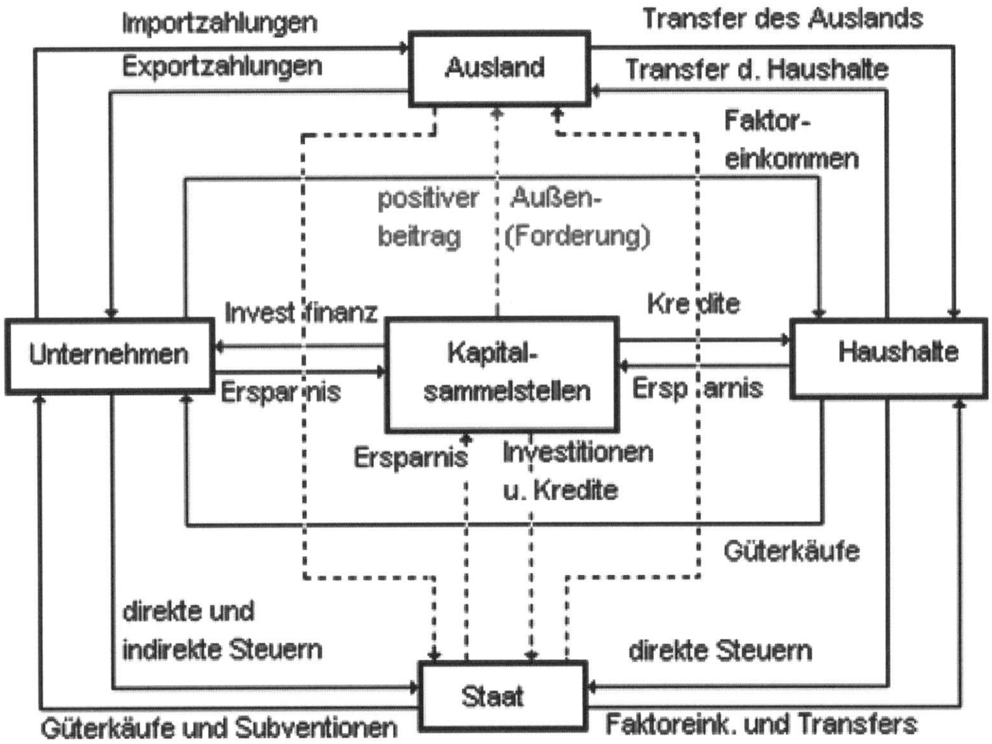

Die Abbildung oben zeigt eine Volkswirtschaft als **geschlossenen Kreislauf**, d. h. aus ihm gibt es keine Abströme und in ihn keine Zuflüsse. Der Pol „Ausland" ermöglicht die Darstellung einer offenen Volkswirtschaft in einem geschlossenen Kreislauf.

Wird der letzte Sektor, das Ausland, mit in den Kreislauf einbezogen, erhalten wir den **realen** Wirtschaftskreislauf. Real deshalb, weil durch das Eingreifen des Auslandes Güter, Dienstleistungen und Produktionsfaktoren importiert und exportiert werden. Da sich Exporte und Importe nicht ausgleichen, sprechen wir jetzt vom offenen Wirtschaftskreislauf.

Dieser Sektor kann unterschiedliche Auswirkungen und Prozesse mit sich bringen: Beispielsweise kann der Arbeitnehmer sein Einkommen von einem **ausländischen Arbeitgeber** erhalten. Der umgekehrte Fall ist aber auch denkbar, nämlich indem ausländische Saisonarbeiter ihren Verdienst wieder in ihr Heimatland mitnehmen.

Die Haushalte, Unternehmen und Banken können auch Einlagen – Spar- und Festgeldanlagen – im Ausland anlegen um höhere Zinsen zu erhalten. Umgekehrt können die Sektoren auch im Ausland Kredite zu günstigeren Konditionen aufnehmen.

Offener Wirtschaftskreislauf

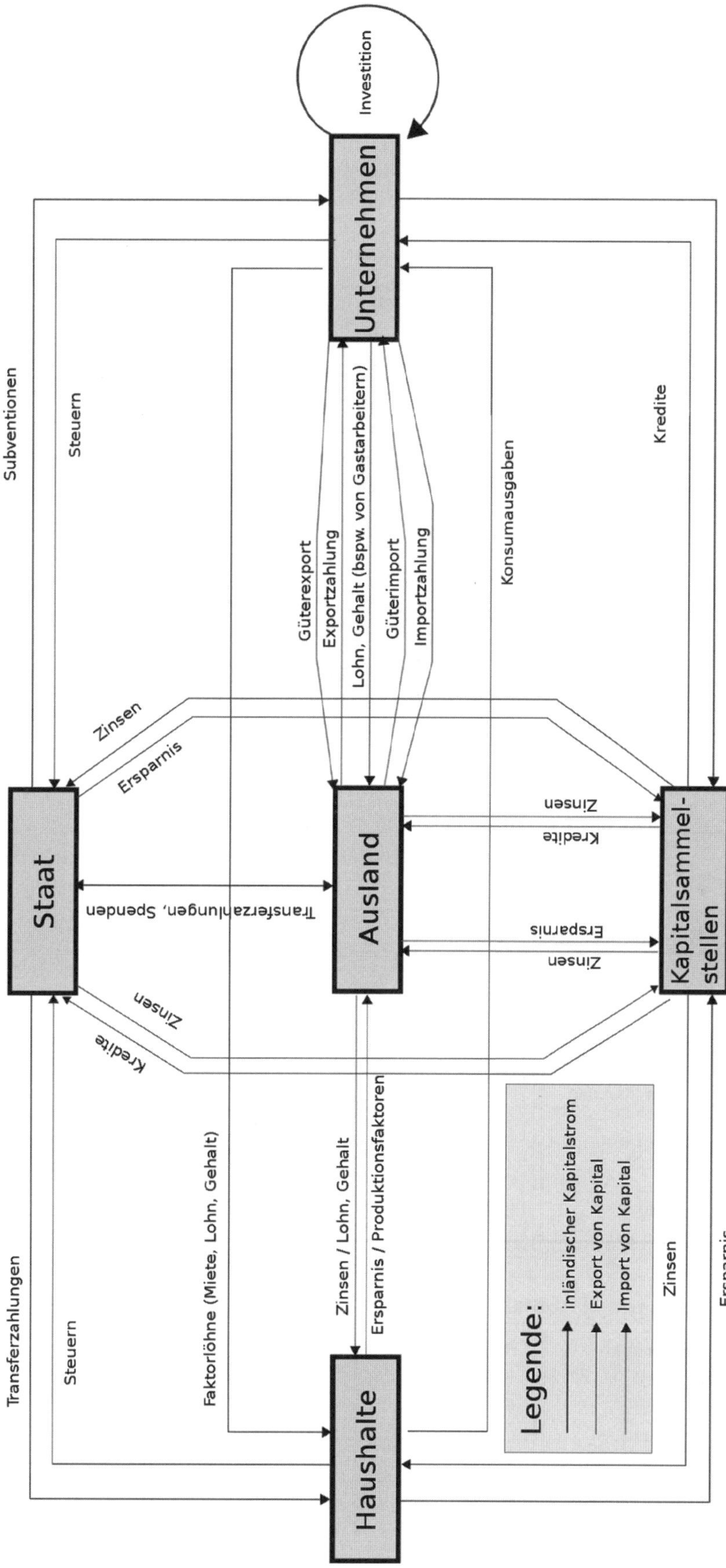

Fünf-Sektoren-Modell

Ökonomische Ströme im erweiterten Wirtschaftskreislauf

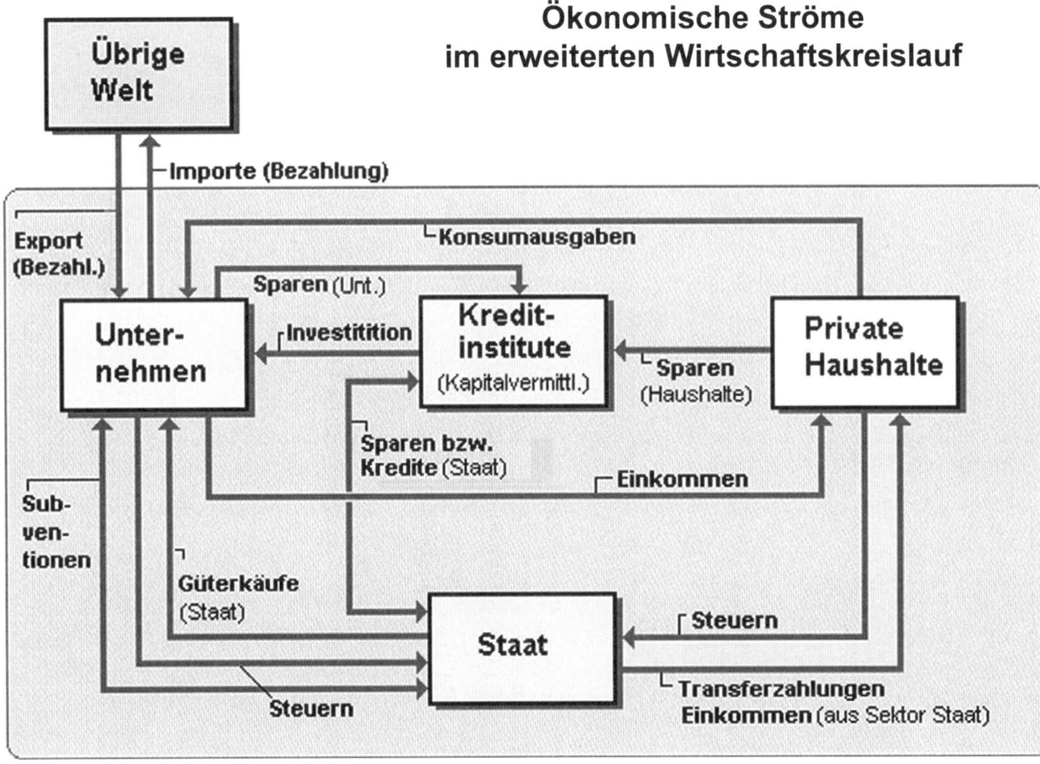

Darstellung des Wirtschaftskreislaufs auf Konten

S	Unternehmen	H
Einkommen		Konsumausgaben
Importe (Im)		Güterkauf (Staat)
Abschreibungen		Exporte (Ex)
Steuern und Abgaben		Investitionen
Sparen		Subventionen

S	Private Haushalte	H
Konsumausgaben		Einkommen
Steuern und Abgaben		Einkommen
Sparen		Transferzahlungen

S	Kapitalvermittlung	H
Investitionen		Sparen
Kredite		Sparen
Saldo (Ex > Im)		Abschreibungen

S	Staat	H
Einkommen		Steuern und Abgaben
Güterkauf		Steuern und Abgaben
Transferzahlungen		Kredite (negatives Sparen)
Subventionen		
(Sparen)		

S	Übrige Welt	H
Exporte (Ex)		Importe (Im)
		Saldo (Ex > Im)

Quelle: iwk-svk-dresden.de

Durch die Öffnung der Weltmärkte sind zwei Ströme besonders wichtig: Der **Außenhandel**, also **Export** (Ausfuhr) und der **Import** (Einfuhr). Es geht hier um sämtliche grenzüberschreitende Handelsmaßnahmen. Inländische Unternehmen exportieren in dem Modell des offenen Wirtschaftskreislaufs ihre Güter, Waren und Dienstleistungen ins Ausland. Aber auch der umgekehrte Weg, also der Import von Gütern, Waren und Dienstleistungen vom Ausland ins Inland wird in diesem Modell bedacht. Diese internationale Art der Arbeitsteilung wird also im Modell des offenen Wirtschaftskreislaufs berücksichtigt.

Ist der Export größer als der Import, ist ein **positiver Außenbeitrag** im Inland die Folge. Es handelt sich hingegen um einen **negativen Außenbeitrag**, wenn es weniger Exporte als Importe gibt. Wir in Deutschland haben einen positiven Außenbeitrag, da wir mehr Güter ausführen, als einführen. Wir erhalten also mehr Geld vom Ausland. Damit erhöht sich auch das Bruttoinlandsprodukt.

Die jährlichen Ausfuhren und Einfuhren werden in der Außenhandelsbilanz gegenübergestellt. Der Außenhandel macht es möglich, dass sich Volkswirtschaften mit Gütern versorgen können, die im Inland nicht verfügbar sind. Das Außenhandelsvolumen wird berechnet aus den Ein- und Ausfuhrmengen, die mit den Preisen eines Basisjahres verglichen werden. Dies soll verhindern, dass die Berechnung nicht den Einflüssen von etwaigen Preisveränderungen unterliegt.

Die Tabelle zeigt, daß wir in Deutschland mehr exportieren, als der Rest Europas. Der starke Außenhandel ist ein Garant für unseren Lebensstandard.

(Quelle: Wirtschaft & Finanzen 2012)

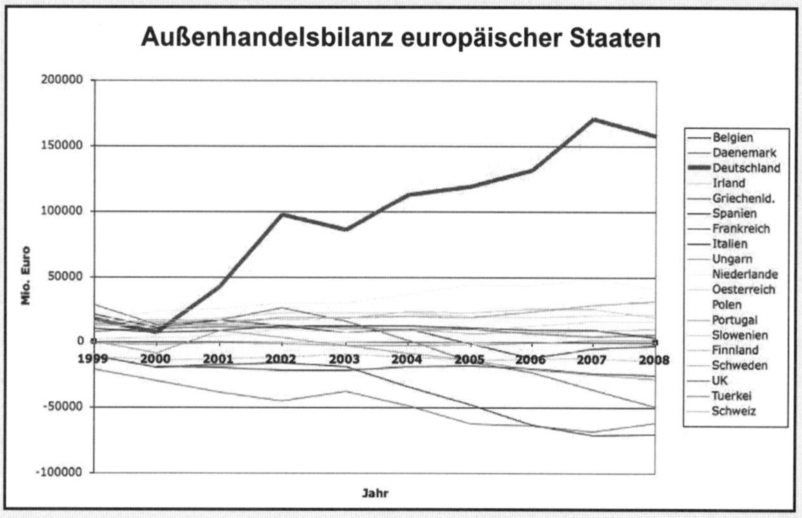

Quelle: Eurostat

4 Wirtschaftskreislauf

EA **Aufgabe 1**: *Nenne Sektoren/Pole der Wirtschaftskreisläufe.*

EA **Aufgabe 2**: *Was versteht man unter Produktionsfaktoren?*

EA **Aufgabe 3**: *Wozu benötigt man die Wirtschaftskreislaufmodelle?*

EA **Aufgabe 4**: *Wie sieht ein erweitertes Wirtschaftskreislaufmodell aus? Bezeichne die Ströme.*

EA **Aufgabe 5**: *Was passiert, wenn die Investitionen geringer als die Ersparnisse sind? (Im geschlossenen Wirtschaftskreislaufmodell)*

KOHL VERLAG Der Verlag mit dem Baum
Der Kreislauf des Geldes
Wie der Zahlungsverkehr in der Wirtschaft funktioniert – Bestell-Nr. 11 431

5 Deutsche Bundesregierung

Amt oder Ressort	Foto	Name	Partei
Bundeskanzlerin		Angela Merkel	CDU
Stellvertretender Bundeskanzler		Sigmar Gabriel	SPD
Auswärtiges		Frank-Walter Steinmeier	SPD
Inneres		Thomas de Maizière	CDU
Justiz und Verbraucher		Heiko Maas	SPD
Finanzen		Wolfgang Schäuble	CDU
Wirtschaft und Energie		Sigmar Gabriel	SPD
Arbeit und Soziales		Andrea Nahles	SPD

Stand Juli 2014

Der Kreislauf des Geldes
Wie der Zahlungsverkehr in der Wirtschaft funktioniert – Bestell-Nr. 11 431
KOHL VERLAG

5 Deutsche Bundesregierung

Amt oder Ressort	Foto	Name	Partei
Ernährung und Landwirtschaft		Christian Schmidt	CSU
Verteidigung		Ursula von der Leyen	CDU
Familie, Senioren, Frauen und Jugend		Manuela Schwesig	SPD
Gesundheit		Hermann Gröhe	CDU
Verkehr und digitale Infrastruktur		Alexander Dobrindt	CSU
Umwelt, Naturschutz, Bau und Reaktorsicherheit		Barbara Hendricks	SPD
Bildung und Forschung		Johanna Wanka	CDU
Wirtschaftliche Zusammenarbeit und Entwicklung		Gerd Müller	CSU
Bundesminister für besondere Aufgaben und Chef des Bundes-kanzleramtes		Peter Altmaier	CDU

Stand Juli 2014

Der Kreislauf des Geldes
Wie der Zahlungsverkehr in der Wirtschaft funktioniert – Bestell-Nr. 11 431
KOHL VERLAG Der Verlag mit dem Baum

5 Deutsche Bundesregierung

Eine Gemeinschaft wird nur fortbestehen, wenn sie sich allgemein gültigen Regeln unterwirft (Grundgesetz). Dies gilt in der Familie, beim Sport und auch in der Wirtschaft.
Die Geschichte der Bundesrepublik Deutschland begann mit dem Inkrafttreten des Grundgesetzes am Ende des Tages seiner Verkündung, dem 23. Mai 1949.

Die **deutsche Bundesregierung**, auch **Bundeskabinett** genannt, besteht gemäß Art. 62 GG aus der/dem Bundeskanzlerin/Bundeskanzler und den Bundesminister/Innen. Sie ist die Regierung der Bundesrepublik Deutschland und übt damit Exekutivgewalt auf Bundesebene aus.

Das Bundeskanzleramt in Berlin

Der Bundespräsident ist das Staatsoberhaupt der Bundesrepublik. Er vertritt den Staat völkerrechtlich im Ausland.
Der/die Bundeskanzler/in gibt die politische Richtung an. Er/sie ist der/die Chef/in der Regierung.

Die Bundesregierung lenkt und leitet die staatlichen Tätigkeiten und handelt als Impulsgeber (Regierungstätigkeit). Sie gestaltet die politischen Verhältnisse durch konkrete Maßnahmen (Verwaltungstätigkeit).
Konkret hat die Bundesregierung unter anderem das Recht Gesetzesvorlagen in den Bundestag einzubringen (Art. 76 GG), Rechtsverordnungen zu erlassen (Art. 80 GG), bei der Rechtsetzung der Europäischen Union mitzuwirken (Art. 23 GG), den Vermittlungsausschuss bei Zustimmungsgesetzen anzurufen (Art. 77 II GG) sowie das Recht, Verwaltungsvorschriften zu Bundesgesetzen zu erlassen (Art. 84 ff GG).

KOHL VERLAG Der Verlag mit dem Baum
Der Kreislauf des Geldes
Wie der Zahlungsverkehr in der Wirtschaft funktioniert – Bestell-Nr. 11 431

5 Deutsche Bundesregierung

Die Bundesregierung hat folgende Aufgaben, die den einzelnen Ministerien zugeordnet werden. Die wichtigsten der 16 Ressorts sind:

Wirtschaft:	Sigmar Gabriel	• wirtschaftliche Fragen und Technologie
Finanzen:	Wolfgang Schäuble	• Bundeshaushalt
Innenressort:	Thomas de Maizière	• Angelegenheiten innerhalb Deutschlands
Außenressort:	Frank-Walter Steinmeier	• Angelegenheiten des Äußeren
Verteidigung:	Ursula von der Leyen	• Bundeswehr

Das Thema dieser Broschüre tangiert besonders die Bereiche **Wirtschaft und Finanzen**. Zur Erfüllung der Aufgaben wurden von der Regierung eigene Gesellschaften gegründet, z. B die Bundesschuldenverwaltung und Bundesbank.

EA

Aufgabe 1: *Nenne Funktion und Aufgabe des Bundespräsidenten.*

EA

Aufgabe 2: *Was ist unter Bundeskabinett zu verstehen?*

EA

Aufgabe 3: *Welche Aufgabe hat der Finanzminister?*

Wenn Lobbyisten die deutsche Politik beeinflussen

Neben den Ministerinnen/Ministern hat sich am Regierungssitz lautlos eine weitere Macht aufgebaut – die der Lobbyisten. Die gut geschulten Vertreter der Wirtschaftszweige versuchen – mit immer mehr Erfolg – Einfluss auf die Gesetzgebung usw. zu erlangen. Dies geht soweit, dass sie – die Lobbyisten – Gesetzestexte vorbereiten, die dann ohne Änderung vom Parlament abgesegnet werden z. B. Basel I, II und III. Hier formulierten die Banker, wie die Bonität der Kreditnehmer zu messen ist.

Die Bundesministerien beschäftigten noch 39 externe Mitarbeiter, wie ein interner Bericht zeigt. Nach Kritik an dieser Praxis ist die Zahl zwar gesunken, Experten fordern dennoch strengere Regeln.

Aber auch auf Arbeitnehmerseite kämpfen die Gewerkschaften um Einfluß. Die Gewerkschaften werden Opfer ihres Erfolges. Sie stehen im Zenit ihrer Macht und feiern den staatlichen Mindestlohn als große Errungenschaft. Doch viele Beschäftigte werden sich künftig fragen: Wofür brauchen wir jetzt noch Gewerkschaften?

Wenn man dies alles verfolgt, ist es nicht verwunderlich, dass das Volk wahlmüde wird, da es ja keine Rolle mehr spielt, wer gewählt wird, da die Lobbyisten aus den verschiedenen Wirtschaftsbereichen das Sagen haben.

(Stefan von Borstel)

Ziele der Wirtschaftspolitik

Die vier unterschiedlichen Ziele der Wirtschaftspolitik werden oft mit dem sogenannten **magischen Viereck** dargestellt. Gemeinsam bilden diese das primäre Ziel der staatlichen Wirtschaftspolitik:

Ein gesamtwirtschaftliches Gleichgewicht

Warum ist überhaupt von einem magischen Viereck die Rede? Magisch darum, weil es fast an Zauberei oder Magie grenzen würde, sämtliche Ziele gleichermaßen zu erreichen. Die Realität hat gezeigt, dass es zwischen den einzelnen Zielen nicht nur Zielharmonien, sondern auch Zielkonflikte gibt. Es gibt Ziele, die sich gegenseitig ergänzen und solche, die nicht gemeinsam zu erreichen sind oder sich gar gegenseitig ausschließen.

Das magische Viereck

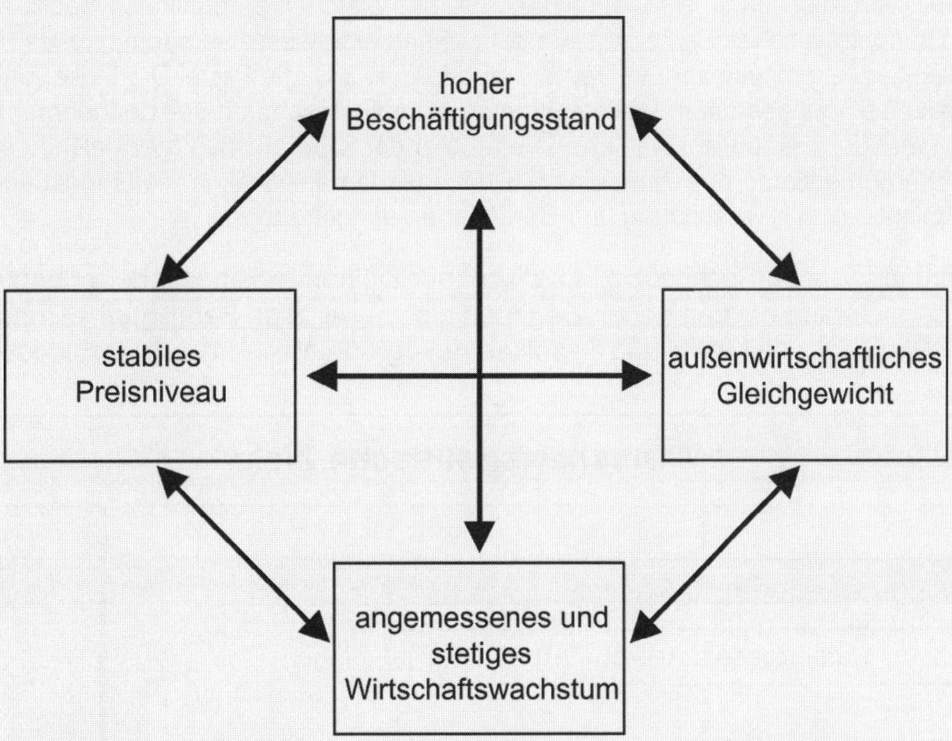

mit den Zielen:

- **Vollbeschäftigung bzw. ein möglichst hoher Beschäftigungsgrad**
- **Stabiles Preisniveau**
- **Angemessenes und stetiges Wirtschaftswachstum**
- **Außenwirtschaftliches Gleichgewicht**

Verankert sind diese Ziele bereits seit 1967 im Stabilitätsgesetz (StabG). Abgeleitet wurden diese Ziele in erster Linie von den primären Zielsetzungen einer marktwirtschaftlichen Gesellschaft. Dazu gehören unter anderem die Punkte:

Gerechtigkeit, Wohlstand und Freiheit!

KOHL VERLAG Der Verlag mit dem Baum
Der Kreislauf des Geldes
Wie der Zahlungsverkehr in der Wirtschaft funktioniert – Bestell-Nr. 11 431

In neuerer Zeit ist neben dem magischen Viereck ein weiterer volkswirtschaftlicher Begriff hinzugekommen: **das magische Sechseck**.
Neben den vier bekannten, kommen zwei weitere, wesentliche Begriffe hinzu:

Erhaltung einer lebenswerten Umwelt
Im Zeichen des weltweiten Klimawandels wird diesem Punkt zukünftig noch größere Bedeutung zukommen. Themen sind z. B. Eindämmung des **Flächenfraßes**. Es kann nicht alles versiegelt werden, da dieser Boden der Landwirtschaft fehlt und der Klimawandel beschleunigt wird. Überschwemmungen an den Küsten/Flüssen: Abhilfe könnte das Bauen in die Höhe (mit Begrünung) sein. **Entgiften** der Landwirtschaft: Weg vom übermäßigen Einsatz von Chemie, Reduzierung von Monokulturen und Massentierhaltung; kurz: Veränderung unserer bisherigen Gewohnheiten, um ein lebenswürdiges Leben der folgenden Generationen zu gewährleisten.

Einkommensverteilung
Sie besagt, dass jeder Bürger seiner Leistung gemäß bezahlt werden soll. Demnach darf z. B. ein Topmanager, der eine lange Ausbildung hinter sich hat und viel Verantwortung trägt, entsprechend viel verdienen. Der Gegenentwurf zu diesem marktwirtschaftlichen Ansatz ist die wirtschaftliche Gleichverteilung. Dieses Prinzip besagt, dass jeder Bürger, unabhängig von Ausbildung, Beruf und Herkunft, den gleichen persönlichen Besitz erhalten solle. In sozialistischen Systemen wie der Sowjetunion wurde versucht, dieses Konzept in die Realität umzusetzen. In Deutschland fordert z. B. die Partei Die Linke, es solle ein größerer Teil des gesamten Volkseinkommens in die Taschen der Arbeitnehmer fließen und dafür weniger an die Kapitalanleger. Verfechter des Liberalismus (der Leistungsgesellschaft) argumentieren dagegen, eine Gleichverteilung des Einkommens mache jeden Anreiz zunichte, sich in Ausbildung und Berufsleben anzustrengen.

Auch beim magischen Sechseck gibt es nicht nur Zielharmonien, sondern ebenfalls Zielkonflikte. Gerade bei den neuen Begriffen gibt es bei allen Beteiligten – Bundesregierung, Wirtschaft, Verbände und Bevölkerung – große Meinungsunterschiede.

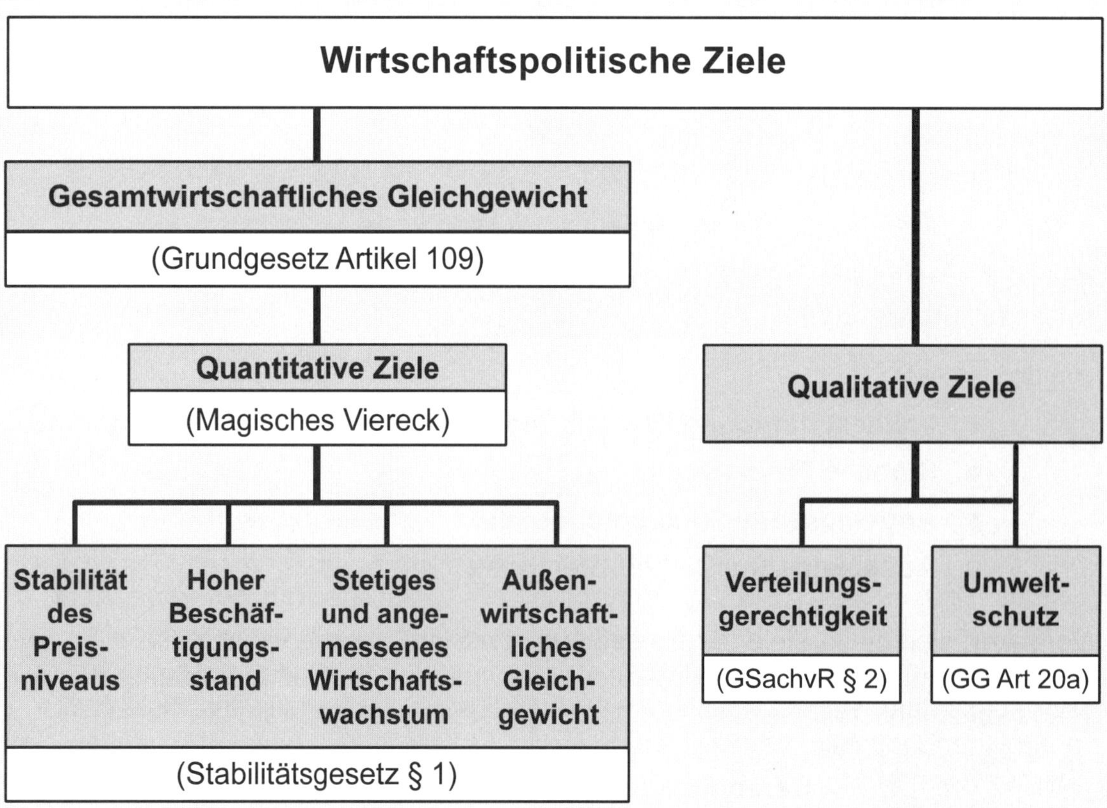

Quelle: Volkswirtschaftslehre. Europa Lehrmittel 1998

KOHL VERLAG Der Verlag mit dem Baum
Der Kreislauf des Geldes
Wie der Zahlungsverkehr in der Wirtschaft funktioniert – Bestell-Nr. 11 431

Instrumente der Wirtschaftspolitik

Das **Ziel der Finanzpolitik** ist die Beeinflussung der Höhe und Struktur des Sozialproduktes einer Volkswirtschaft mit der Unterstützung von öffentlichen Haushalten sowie öffentlicher Einnahmen und Ausgaben.
Damit stellt die Finanzpolitik einen allgemeinen Bereich dar, der beinahe jedes staatliche Handeln umfasst.
Die **Fiskalpolitik** beinhaltet staatliche Maßnahmen, die einen Ausgleich des Staatshaushaltes in Einnahmen und Ausgaben erzielen sollen. Sie ist „kassen-orientiert". Die Ziele der Wirtschaftspolitik lassen sich mit den folgenden Instrumenten erreichen:

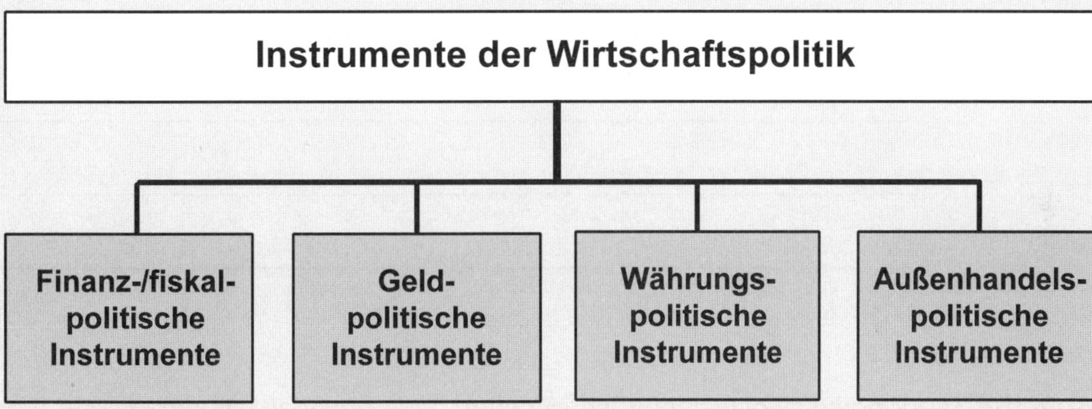

Bei genauerer Betrachtung wird klar, dass die Fiskalpolitik mit der Finanzpolitik in Konflikt geraten kann, wenn z. B. die Steuern zur Verbesserung der Inlandsnachfrage gesenkt werden, die Haushaltslage dies jedoch nicht zulässt.
Praktisches Beispiel: Der Staat will aus den genannten Gründen Steuersenkungen vornehmen, die Finanzierung erfolgt jedoch über eine Schuldenaufnahme.

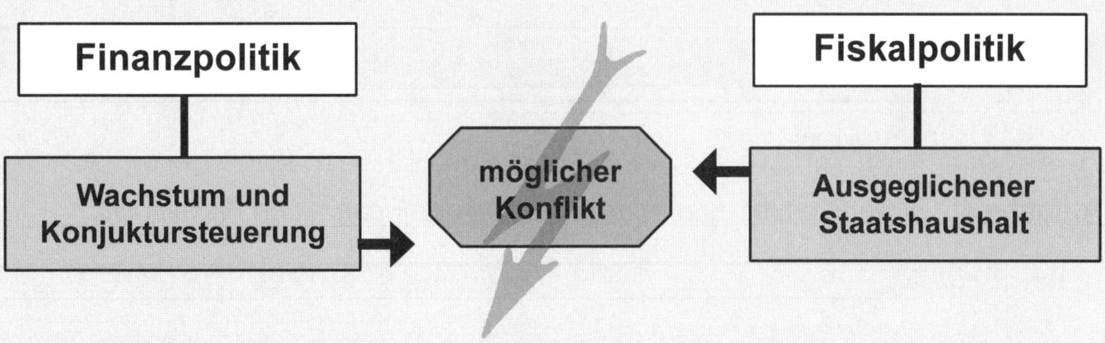

Die **Geldpolitik** umfasst alle Maßnahmen, die die Zentralbank für die Steuerung der Kredit- und Geldversorgung der Wirtschaft und dem Geldumlauf nützt.
Das oberste Ziel dabei ist die Währungssicherung bzw. die Erhaltung des Geldwertes (**Preisniveaustabilität**) im Rahmen der Volkswirtschaft, sowie die Kaufkraft-Stabilisierung nach außen. Dies schließt insbesondere die Lenkung der sich im Umlauf befindlichen Geldmenge ein. Der Grund: Einerseits muss Geld so knapp sein, dass der Geldwert nicht sinkt. Auf der anderen Seite muss die Wirtschaft ausreichend mit Geld versorgt werden, damit sämtliche Geldgeschäfte abgewickelt werden können.

KOHL VERLAG Der Kreislauf des Geldes
Wie der Zahlungsverkehr in der Wirtschaft funktioniert – Bestell-Nr. 11 431

6 Finanz-/Fiskalpolitik

EA **Aufgabe 1**: *Welche vorrangigen Ziele sind im Stabilitätsgesetz von 1967 verankert?*

EA **Aufgabe 2**: *Was soll durch das magische Viereck erreicht werden?*

EA **Aufgabe 3**: *Welche zwei wirtschaftspolitischen Ziele erweitern das magische Viereck zum Sechseck?*

EA **Aufgabe 4**: *Wann kommt es zu einem Konflikt der Finanz- und Fiskalpolitik?*

Der Kreislauf des Geldes
Wie der Zahlungsverkehr in der Wirtschaft funktioniert – Bestell-Nr. 11 431
KOHL VERLAG

Geldpolitik

In der Währungsunion ist die EZB für die Geldpolitik verantwortlich. Geldpolitik oder auch Geldmarktpolitik umfaßt die wirtschaftlichen Maßnahmen, die eine Zentralbank ergreifen kann, um die ihr gesetzten Ziele zu erreichen, z. B. Geldwertstabilität, Wachstumsförderung, Förderung der Beschäftigung. Diese Ziele können durchaus zueinander konträr sein. So kann eine Wachstumsförderung u. U. zu Preissteigerungen führen.
Die Ziele der Geldpolitik können entweder durch Verknappung der Geldmenge (Verteuerung der Kredite durch höhere Zinsen, **restriktive Geldpolitik**) oder durch Ausdehnung der Geldmenge (günstige Kredite durch niedrige Zinsen, ***expansive Geldpolitik***) erreicht werden.

Die wichtigsten Instrumente zur Steuerung der Geldmenge sind die **Refinanzierungsinstrumente** und die **Mindestreserven**. Refinanzierung dient der Versorgung der Banken mit Geld (Laufzeit 1 Tag, 7 Tage, 3 Monate). Dabei werden die Offenmarktgeschäfte und Ständige Fazilitäten unterschieden. Offenmarktgeschäfte gehen von der Zentralbank aus. Sie bietet einmal wöchentlich Geld mit einer Laufzeit von sieben Tagen an. Die Kreditinstitute können Angebote abgeben, welche Zinsen sie für welche Mengen zu zahlen bereit sind. Wie auf einem Markt bildet die EZB den Zins so, dass sie die meisten Nachfragen bedienen kann.

Ständige Fazilitäten sind „Girokonten" der Banken bei der EZB, auf denen sie überschüssige Liquidität über Nacht anlegen können und dafür einen Zins erhalten (**Einlagenfazilität**) oder über die sie kurzfristig Tagesliquidität verschaffen können und dafür Zinsen bezahlen müssen (**Spitzenrefinanzierungsfazilität**).
Die Zinssätze der Einlagen und für Spitzenrefinanzierung sind Leitzinssätze, die von der EZB festgesetzt werden.

Die **Mindestreserve** verpflichtet Kreditinstitute, einen Teil ihrer Liquidität (z. B. 2 %) als verzinstes Guthaben auf Girokonten bei der EZB zu halten, sodass ihnen diese Gelder nicht zur Kreditvergabe zur Verfügung stehen. Die Höhe des Zinses wird von der EZB festgelegt, ebenso der Strafzins bei Unterschreitung des Mindestreservesolls. Durch Veränderung des Mindestreservesolls und der Einlagen- bzw. Strafzinsen kann ebenfalls die Kreditvergabe und damit die Geldmenge gesteuert werden.

EA

Aufgabe 1: *Wer ist in der Währungsunion für die Geldpolitik verantwortlich?*

____

____

Der Kreislauf des Geldes
Wie der Zahlungsverkehr in der Wirtschaft funktioniert – Bestell-Nr. 11 431
KOHL VERLAG Der Verlag mit dem Baum

Finanz-/Fiskalpolitik

Finanzpolitik umfasst alle politischen Maßnahmen (z. B. durch Gesetzgebung), die den Staatshaushalt (Einnahmen und Ausgaben) betreffen.
Die wichtigsten Maßnahmen sind Festlegung von Steuern und Subventionen, die Aufnahme von Krediten, die Vergabe von öffentlichen Aufträgen und die Verabschiedung des Haushalts.

Über die Regelung der staatlichen Einnahmen und Ausgaben hinaus kann Finanzpolitik auch übergeordnete Ziele verfolgen, z. B. Förderung von sozialer Gerechtigkeit oder Beeinflussung der Konjunktur.

Zur Förderung sozialer Gerechtigkeit (u. a. durch Umverteilung) können bestimmten gesellschaftlichen Gruppen (z. B. Familien mit Kindern) finanzielle Vorteile (etwa durch Steuererleichterungen oder Direktzahlungen) verschafft werden, die andere Teile der Gesellschaft nicht erhalten und die z. T. von diesen mitfinanziert werden.

Die Konjunktur kann beeinflusst werden, indem die Einnahmen oder Ausgaben des Staates so geregelt werden, dass sie dämpfende oder stimulierende Wirkung auf die Wirtschaft ausüben.

Grundsätzliches Ziel der Fiskalpolitik ist es, Konjunkturschwankungen entgegenzuwirken. Es soll ein möglichst stetiges, stabiles Wirtschaftswachstum (mit nur leichten konjunkturellen Schwankungen) erreicht werden. Unerwünschte, gesamtwirtschaftliche Fehlentwicklungen (d. h. starke konjunkturelle Schwankungen, wie z. B. tiefe Rezession, überhitzte Konjunktur) sollen verhindert werden. Die Idee ist, dass sich der Staat in konjunkturell schlechten Zeiten verschuldet bzw. finanzielle Rücklagen abbaut (d. h. ein Defizit eingeht), um so die gesamtwirtschaftliche Nachfrage zu erhöhen und den konjunkturellen Abschwung abzufedern. Umgekehrt sollte der Staat in guten Zeiten Schulden abbauen bzw. finanzielle Rücklagen bilden, um die Konjunktur zu bremsen und um fiskalpolitische Spielräume für den nächsten Abschwung zu schaffen (antizyklische Fiskalpolitik).

Einnahmeseitige, fiskalpolitische Maßnahmen sind z. B.:

- Erhöhung/Senkung von Steuern (z. B. Körperschaftssteuer, Einkommenssteuer)
- Einführung/Abschaffung einer (neuen) Steuer (z. B. eine Verbrauchssteuer)

Ausgabeseitige, fiskalpolitische Maßnahmen können z. B. sein:

- Stärkere/schwächere Vergabe öffentlicher Aufträge
- Einstellen/Entlassen von Personal im öffentlichen Dienst
- Steigerung/Verringerung des Subventionsvolumens
- Ausbau/Rückbau von Sozialleistungen

Die gewählten fiskalpolitischen Maßnahmen dienen dazu, bestimmte Hebeleffekte zu erzeugen, d. h. mit einer kleinen Veränderung der Einnahmen bzw. Ausgaben soll eine möglichst große konjunkurelle Beeinflussung bewirkt werden.

Nach der Art der Fiskalpolitik wird zwischen der expansiven und der restriktiven Fiskalpolitik unterschieden. Bei der expansiven Fiskalpolitik soll die gesamtwirtschaftliche Nachfrage gesteigert werden, im Falle der restriktiven Fiskalpolitik soll die Nachfrage gedämpft werden.

Die Art der Fiskalpolitik (expansiv ⇔ restriktiv) und der Maßnahmentypus (Einnahmen/Ausgaben) lassen sich folgendermaßen gliedern:

Die Umsetzung der Fiskalpolitik kann in dreierlei Form erfolgen:
- diskretionäre Maßnahmen
- automatische Stabilisatoren
- Formelflexibilität

Als diskretionäre fiskalpolitische Maßnahmen versteht man einzelfallorientierte Entscheidungen im Parlament für eine Steuersenkung.
Als automatische Stabilisatoren bezeichnet man einen fiskalpolitischen Mechanismus, der abhängig vom Konjunkturverlauf das Volumen der öffentlichen Einnahmen und Ausgaben beeinflusst (z. B. progressive Einkommenssteuer).
Die Formelflexibilität ist ein fiskalpolitischer Mechanismus, der mittels einer Rechtnorm bestimmt, in welchem Maße sich Steuersätze und öffentliche Ausgaben in Abhängigkeit von einem bestimmten Konjunkturindikator (z. B. Wachstum des BIP) automatisiert zu verändern haben.

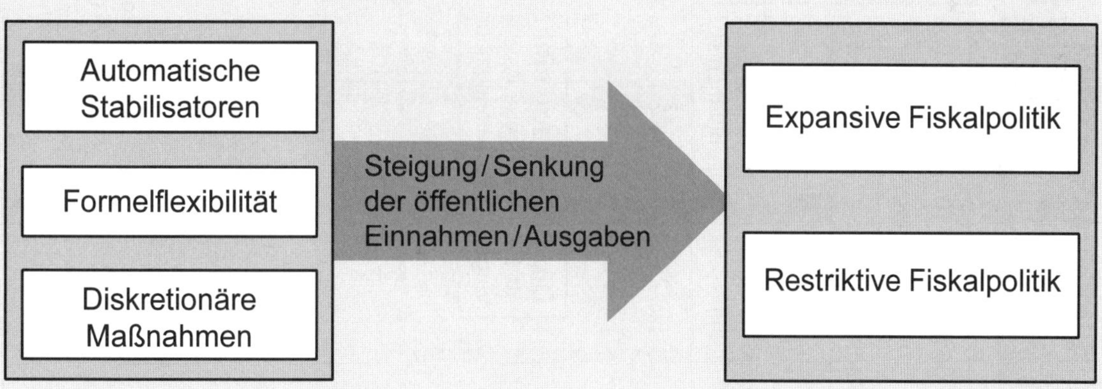

Die Schwierigkeit der Fiskalpolitik besteht darin, die sachlich und zeitlich richtigen Maßnahmen zu wählen, z. B. sollten sie keine Verdrängungseffekte auslösen (d. h. es soll keine private Nachfrage verdrängt werden). Das nächste Problem ist die zeitverzögerte Wirkung fiskalpolitischer Maßnahmen. Die Maßnahmen sollten möglichst zeitnah wirken, um zu verhindern, dass z. B. konjunkturdämpfende Maßnahmen ihre Wirkung im konjunkturellen Abschwung entfalten, was die Konjunktur eher destabilisiert als stabilisiert.

EA

Aufgabe 2: *Was soll mit der restriktiven und expansiven Geldpolitik erreicht werden? Schreibe in dein Heft oder auf die Rückseite.*

Der Kreislauf des Geldes
Wie der Zahlungsverkehr in der Wirtschaft funktioniert – Bestell-Nr. 11 431
KOHL VERLAG Der Verlag mit dem Baum

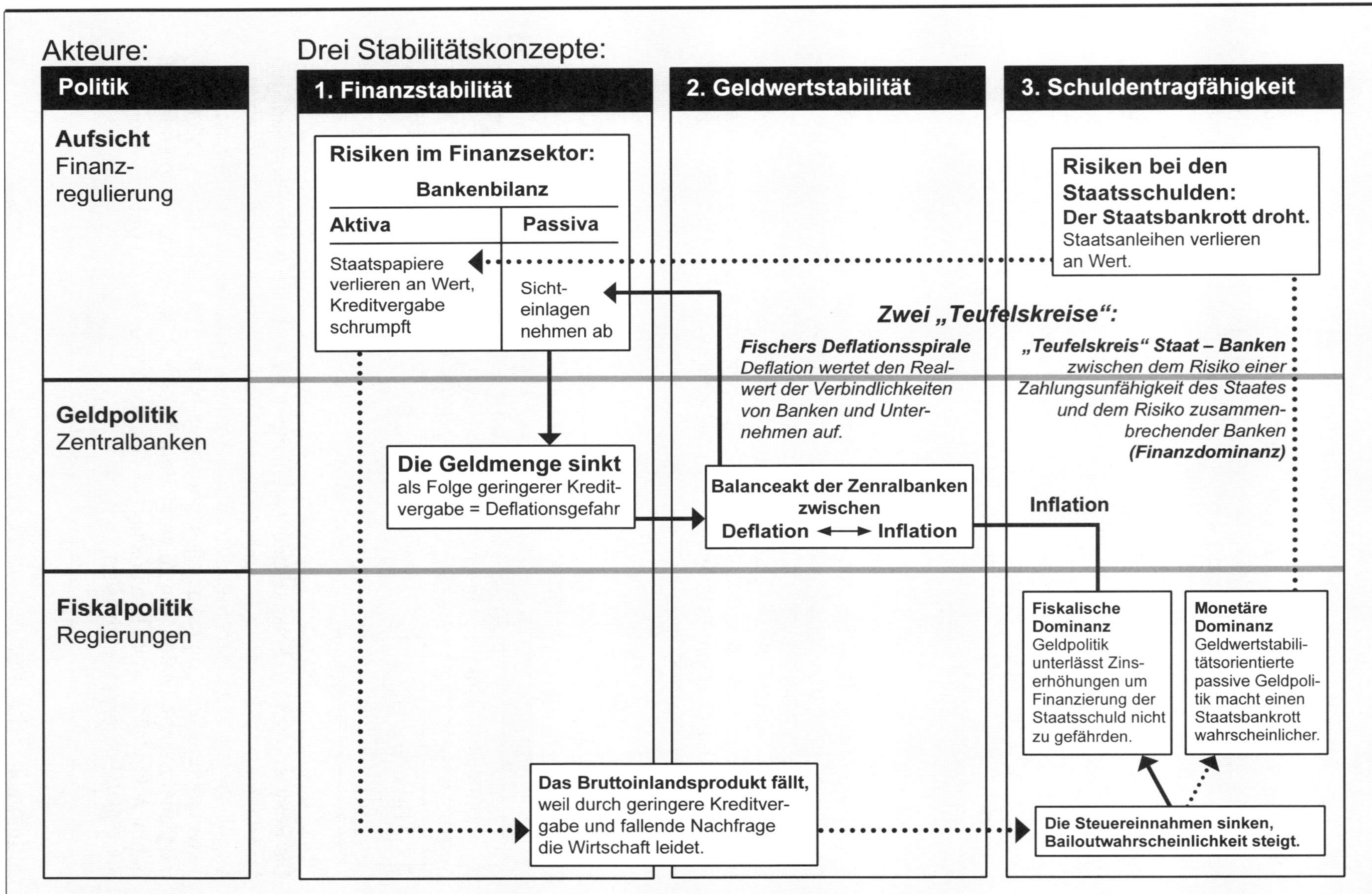

Quelle: FAZ

KOHL VERLAG Der Verlag mit dem Baum
Der Kreislauf des Geldes
Wie der Zahlungsverkehr in der Wirtschaft funktioniert – Bestell-Nr. 11 431

Zins- und Liquiditätspolitik

Die EZB (Europäische Zentralbank) wurde am 1. Juni 1998 mit Sitz in der deutschen Finanzmetropole Frankfurt a. M. gegründet.

Die wichtigsten Aufgaben sind:

- **Sicherung der Preisstabilität (Inflationskontrolle)**
- **Sicherung des Finanzsystems**

Weitere Aufgaben:

- Festlegung des Leitzinses
- Beobachtung der Preisentwicklung
- Ausgabe von Banknoten
- Verwaltung von Währungsreserven
- Durchführung von Devisengeschäften

Einige dieser Aufgaben betreffen Bevölkerung und Wirtschaft nicht direkt.
Über nachfolgende Aufgaben jedoch sollte man Bescheid wissen:

Der **Leitzins** ist der Zinssatz, an dem sich Banken und andere Finanzinstitute orientieren und zu dem diese sich selbst finanzielle Mittel beschaffen können. Dieser Leitzins wirkt sich direkt auf die Haushalte, Handel und Wirtschaft aus.

Beispiele:
Ein **niedriger** Leitzins hat zur Folge, dass Sparer einen **geringeren Zinssatz** für das angelegte Geld auf ihrem Sparbuch bekommen. Gleichzeitig werden Finanzierungen und Kredite günstiger. So überlegt sich mancher Bürger, statt einer Geldanlage lieber eine geplante Anschaffung zu den günstigen Zinsen zu tätigen. Bei hohem Leitzins ist die Investitionslaune und -summe bei Unternehmern und Haushalten gering, weil **Kredite teuer** sind.

Der Leitzins hat daher einen hohen Einfluss auf die jeweiligen Volkswirtschaften und wird daher ständig beobachtet und bei Bedarf nach oben oder unten korrigiert.

EA

Aufgabe 3: *Was sind die Aufgaben der Europäischen Zentralbank?*

____

____

____

EA

Aufgabe 4: *Wie wirkt sich ein niedriger Leitzins aus?*
Schreibe in dein Heft oder auf die Rückseite.

Der Kreislauf des Geldes
Wie der Zahlungsverkehr in der Wirtschaft funktioniert – Bestell-Nr. 11 431
KOHL VERLAG Der Verlag mit dem Baum

Die Steuerung der Geldmenge wird dabei über die

- **Zinspolitik** (Beeinflussung der Zinssätze)

und über die

- **Liquiditätspolitik** (Beeinflussung der Bankenliquidität)

vorgenommen. Bis Ende 1998 war die Deutsche Bundesbank in Deutschland Träger der Geldpolitik.

Seit 1. Nov. 1999 ist in der EWWU (Europäische Wirtschafts- und Währungsunion) das ESZB (Europäische System der Zentralbanken) mit der EZB (Europäische Zentralbank) für die Geldpolitik verantwortlich.

Damit die EZB ihre Aufgaben erfüllen kann, stehen ihr diverse geldpolitische Mittel z. B. **Mindestreservepolitik**, **Offenmarktpolitik** sowie die **Ständigen Fazilitäten** zur Verfügung, die teilweise der Lombardpolitik der Bundesbank entsprechen. Die Diskontpolitik der Bundesbank wird nicht mehr eingesetzt.

Geldpolitische Instrumente

Zinspolitik

Die Maßnahmen der Zinspolitik sollen das Zinsniveau beeinflussen. Für Kreditnehmer sind die Zinsen Kosten. Die Zentralbank will über die Veränderung der Zinssätze, die zwischen Geschäftsbanken und der Zentralbank berechnet werden, Impulse setzen. Die Nachfrage nach Konsumentenkrediten der Haushalte oder Investitionen der Unternehmen, aber auch die staatliche Kreditnachfrage beeinflussen.

Erhöht die Zentralbank ihre Zinsen, um Preissteigerungen im konjunkturellen Hoch zu verringern, werden zeitgleich auch die Geschäftsbanken ihre Zinsen erhöhen und an die Kunden weitergeben. Bei einer Erhöhung der Zinsen sinkt die Nachfrage nach Krediten (z. B. Investitionen), weil sich die Gewinnaussichten für die Unternehmer verschlechtert haben. Infolgedessen kommt es zu einer verringerten Geldnachfrage und damit zur Stabilisierung des Preisniveaus. Zinserhöhungen haben ähnliche Wirkungen auf die Privathaushalte (geringerer Konsum, Verschiebung von Anschaffungen). Eine gegenteilige Wirkung haben sinkende Zinsen, da die Geldmenge größer wird.

Liquiditätspolitik

Durch eine Veränderung der

- **Mindestreservesätze**

oder der Zinssätze für

- **Refinanzierungsgeschäfte**

wird die Liquidität der Banken gesteuert.

KOHL VERLAG Der Verlag mit dem Baum
Der Kreislauf des Geldes
Wie der Zahlungsverkehr in der Wirtschaft funktioniert – Bestell-Nr. 11 431

7 Europäische Zentralbank (EZB)

Unter der **Mindestreserve** versteht man die Verpflichtung der Geschäftsbanken einen bestimmten Prozentsatz der Einlagen ihrer Kunden auf ihrem Konto bei der EZB zu halten.

Die **Wirkung** der Mindestreservepolitik:
Die Giralgeldschöpfung (Buchgeld) der Banken wird durch die Mindestreservepolitik beschränkt.

Beispiel:

Der Kunde A zahlt 50.000,00 € bei der Bank YX ein.
Der Mindestreservesatz beträgt 10 %.
Die Geschäftsbank muß 5.000,00 € Mindestreserve bei der EZB halten.
Die Bank A kann das restliche Geld an den Kunden B als Kredit vergeben.
Der Kunde B bezahlt davon eine Rechnung bei Händler F.
Der Händler F hat ein Konto bei der Bank WV.
Es werden 45.000,00 € an die Bank überwiesen.
Es entsteht eine Sichteinlage von 45.000,00 €.
Mindetreserve 10 %
Es ergibt sich ein Überschuss von 40.500,00 €.
Dieser kann wieder z. B. als Kredit weitergegeben werden.

= Giralgeldschöpfung von 45.000 € + 40.500,00 € + ...

Durch die Mindestreserve wird die Geldschöpfung der Banken eingeschränkt.
Soll die Geldmenge ausgeweitet werden, senkt die EZB den Mindestreservesatz.

Die Folgen:

Bei **Mindestreservesatzerhöhung**:
Eine Liquiditätslücke (kurzfristige Zahlungsstockung >3 Wochen) kann erzeugt werden. Die Geldbeschaffung wird teurer, der Zins am Geldmarkt steigt.

Bei **Mindestreservesatzsenkung**:
Die Geldbeschaffung wird billiger, der Zins fällt.
Die Liquidität wird erhöht.

EA **Aufgabe 5**: *Welche Mittel stehen der EZB zur Steuerung der Liquidität zur Verfügung?*

____

EA **Aufgabe 6**: *Wie wirkt sich der Einsatz der Mindestreserve aus?*

____

____

____

Offenmarktgeschäft

... bedeutet den An- und Verkauf von Wertpapieren, die die EZB am Kapital- oder Geldmarkt tätigt. Dies kann mit kurz- oder langfristigen Wertpapieren erfolgen.

Beim **Wertpapierpensionsgeschäft** verkauft/kauft die Bank Wertpapiere von/an die EZB mit der Verpflichtung, diese nach einigier Zeit wieder zurückzugeben/zukaufen.

Beim **Pfand- oder Lombardkredit** erhält die Bank von der EZB einen Kredit, bei dem als Sicherheit Wertpapiere hinterlegt werden.

Offenmarktgeschäfte wirken sich auf Geldmenge und Kreditkosten in der Volkswirtschaft aus.
Kauft die Zentralbank am offenen Markt Wertpapiere, so vergrößert sich die Geldmenge, da den Banken Zentralbankgeld zufließt. Steht mehr Geld für die Kreditvergabe zur Verfügung kommt es zu einer Senkung der Zinsen und somit zu einer Verbilligung der Kredite.
Ein **Verkauf** von Papieren durch die EZB führt zur Verteuerung der Kredite und verringert die Geldmenge.

Die Offenmarktpolitik, die auch die Deutsche Bundesbank einsetzte, bildet bei den geldpolitischen Mitteln einen Schwerpunkt. Der EZB ist es hier möglich, bei ausgeschriebenen Geschäften (im **Tenderverfahren Zins- bzw. Mengentender**) über die Konditionen (Zinssatz, Zuteilungsvolumen und Laufzeit) sehr flexibel auf liquditätspolitische Erfordernisse zu reagieren.

KOHL VERLAG Der Kreislauf des Geldes
Wie der Zahlungsverkehr in der Wirtschaft funktioniert – Bestell-Nr. 11 431

Ständige Fazilitäten

Dies sind ebenfalls geldpolitische Mittel der EZB. Hier gibt es zwei Möglichkeiten:

1. Einlagenfazilität
Die Geschäftsbanken **legen** bei der EZB „über Nacht" Geld **an**.

2. Spitzenrefinanzierungsfazilität
Die Geschäftsbanken **beschaffen** sich bei der EZB „über Nacht" Liquidität (Kredit) gegen Hinterlegung von Sicherheiten.

Zuteilungsverfahren
Tender beschreibt die Ausschreibung einer Kreditvergabe durch die EZB, wobei die Laufzeit des Kredites eine Woche beträgt.

1. Mengentender
Die EZB legt Zins und Volumen der Kreditvergabe fest. Die Geschäftsbanken geben die von ihnen gewünschte Menge an Zentralbankgeld an. Es findet eine gleichmäßige prozentuale Zuteilung an alle Banken statt. Dieses Verfahren wird aufgrund der Finanzkrise seit dem 15.10.2008 von der EZB angewandt.

Beispiel:

Die Banken bewerben sich mit 300.000 Mio Euro um dieses Geschäft.
Der Zinssatz wird von der EZB mit 3,75% (Oktober 2008) festgelegt.
Die A-Bank bewirbt sich mit 10.000 Mio an diesem Geschäft.
Die Höhe der Zuteilung ergibt sich wie folgt:

Gebote = 3.000.000,00 €
Zuteilung = 90.000,00 € — 90.000 x 100 / 300.000 = 30%
Zuteilungssatz = 3%

10 Mio € x 30% = 3 Mio €
Bank A werden 3 Mio. € zu 3,75% zugeteilt.

2. Zinstender
Die Geschäftsbanken nennen sowohl die gewünschte Menge als auch den Zinssatz, zu dem sie das Zentralbankgeld wollen. Die Zuteilung erfolgt über die Reihenfolge des **höchsten** Zinsgebots (höchstes Zinsgebot erhält vermutlich den vollen Anteil).

EA

<u>Aufgabe 7</u>: *Was sind ständige Fazilitäten? Welche kennst du?*

____

____

____

Der Kreislauf des Geldes
Wie der Zahlungsverkehr in der Wirtschaft funktioniert – Bestell-Nr. 11 431
KOHL VERLAG

Berechnung des Bruttoinlandsproduktes (BIP)

Wie bereits angesprochen, bildet das Kreislaufmodell die Grundlage für die Berechnung des Sozialproduktes. Es beschreibt die wirtschaftliche Leistung eines Landes und dient somit als Basisgröße für das Wirtschaftswachstum. Das Sozialprodukt entspricht dem Wert aller Dienstleistungen und Güter, die in einer bestimmten Periode, meist ein Jahr, von inländischen Unternehmen, Haushalten und dem Staat erwirtschaftet wurden.
Bei seiner Ermittlung werden die erzeugten Produkte und die erbrachten Leistungen in einer Summe zusammengefasst. Weil es sich beim Sozialprodukt um die Summe der Wertschöpfungen aller Sektoren handelt, müssen, um Doppelzahlungen zu vermeiden, die Vorleistungen von der Produktion der Wirtschaftsbereiche abgezogen werden.

Berechnungsarten

Bruttoinlands-, Bruttosozialprodukt und Volkseinkommen können auf drei verschiedene Art und Weisen errechnet werden.

Die **Entstehungsrechung** erfasst, welchen Beitrag die einzelnen Wirtschaftszweige Landwirtschaft, Industrie, Dienstleistungen und der Staat erbracht haben. Sie gibt einen Einblick in die Wirtschaftsstruktur eines Landes.

Die **Verteilungsrechnung** zeigt auf, dass sich das Volkseinkommen in zwei große Einkommensarten aufgliedert. Erstens das Einkommen der Arbeitnehmer und zweitens das Einkommen aus Unternehmertätigkeit und Vermögen (Gewinne, Zinserträge aus Sparkonten der Arbeitnehmer, Wertpapiere ect.).
Zur Verteilungsrechnung bildet man die Summe aus Löhnen, Gehältern, Gewinnen, Zinsen, indirekten Steuern und Abschreibungen und zieht Subventionen ab.

Die **Verwendungsrechnung** zeigt, für welche Zwecke das Sozialprodukt verwendet wurde. Zusätzlich erkennt man, ob ein Land mehr Güter und Leistungen ins Ausland geliefert oder mehr aus dem Ausland bezogen hat.
Dieses Jahr (2014) wird das Bruttoinlandsprodukt noch weiter zulegen, da künftig Schmuggler und Drogenhändler die Wirtschaftsleistung erhöhen.
Die Europäische Union (EU), die die methodischen Vorgaben für die sogenannte volkswirtschaftliche Gesamtrechnung erstellt, will es so. Erwirtschaftet ist nun einmal erwirtschaftet.
2013 betrug das BIP in Deutschland 2,738 Billionen Euro. Laut EU hätten die Statistiker den Drogenhandel und den Tabakschmuggel schon lange berücksichtigen sollen. In der Praxis wird dessen Erfassung in allen 28 EU-Staaten von September 2014 an eingeführt. Außerdem werden die Ausgaben für Forschung und Entwicklung, sowie die Militärgüter (Panzer, Raketen) nicht mehr als Vorleistungen sondern als Investition verbucht. Sie steigern somit das BIP.

Der Kreislauf des Geldes
Wie der Zahlungsverkehr in der Wirtschaft funktioniert – Bestell-Nr. 11 431
KOHL VERLAG

8 Bruttosozialprodukt

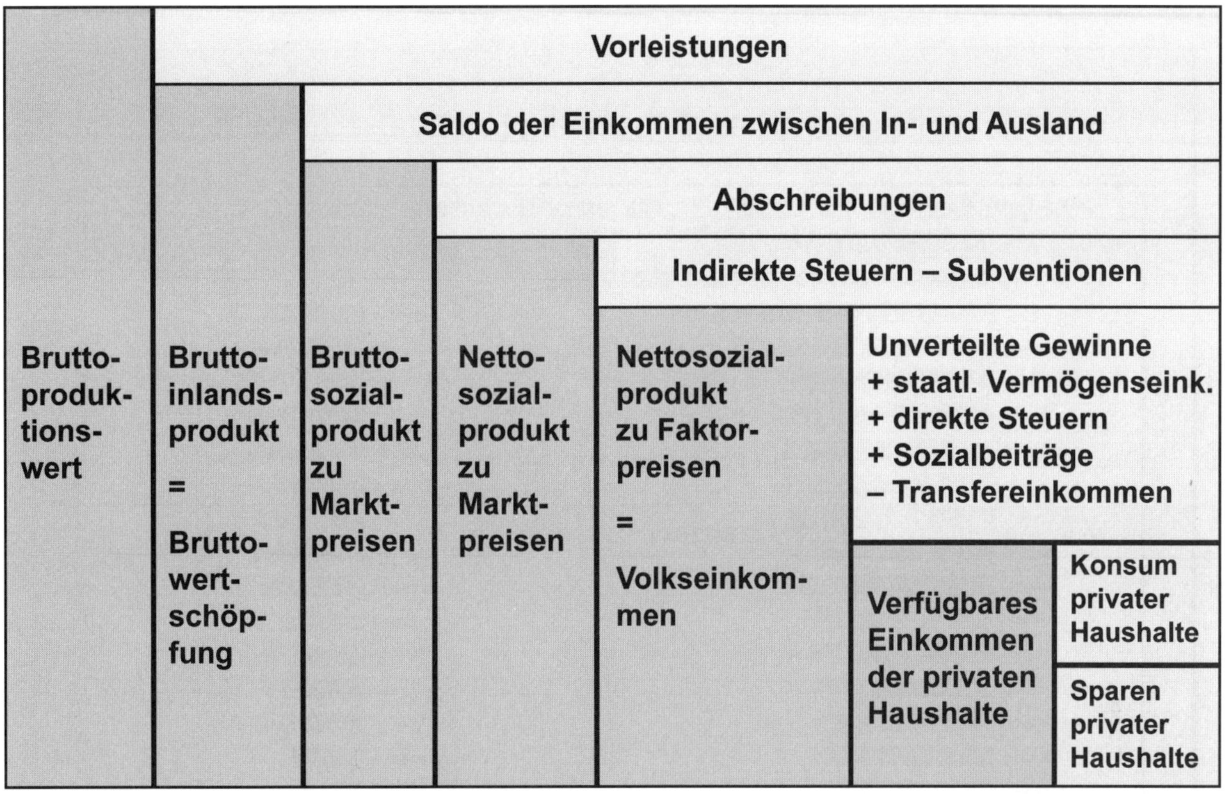

Entstehungsrechnung

Bruttoproduktionswert
– Vorleistungen
= Bruttoinlandsprodukt zu Marktpreisen
– Inlandseinkommen von Ausländern
+ Auslandseinkommen von Inländern
= Bruttosozialprodukt zu Marktpreisen
– Abschreibungen
– (indirekte Steuern – Subventionen)
Nettosozialprodukt zu Faktorkosten = Volkseinkommen

Verteilungsrechnung
Bruttoeinkommen aus unselbstständiger Arbeit
+ Bruttoeinkommen aus Unternehmertätigkeit
= Volkseinkommen
Bruttoeinkommen aus unselbstständiger Arbeit
= Faktoreinkommen
+ (Transfereinkommen – Subventionen)
– direkte Steuern
= verfügbares Einkommen

Verwendungsrechnung
privater Verbrauch
+ staatlicher Verbrauch
+ Bruttoinvestitionen
+ (Exporte – Importe)
= Bruttoinlandsprodukt zu Marktpreisen

8 Bruttosozialprodukt

Bruttoinlandsprodukt (BIP) pro Kopf im EU-Durchschnitt

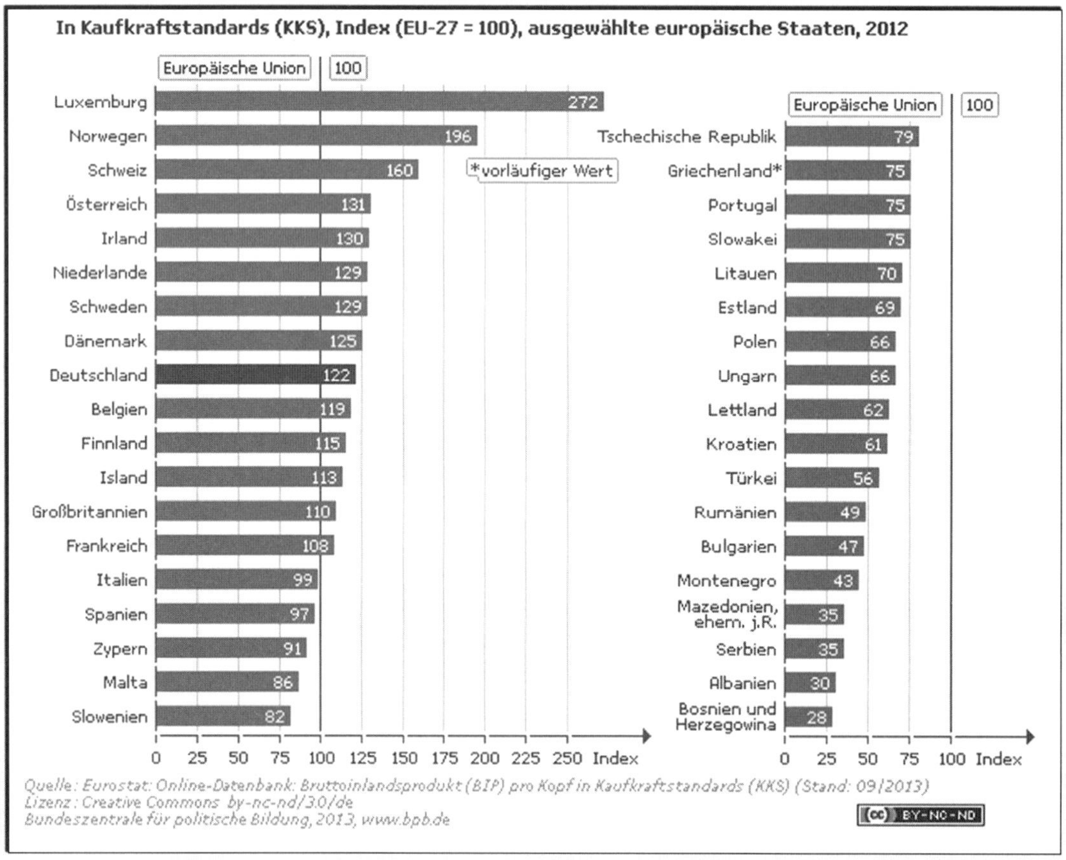

Bruttowertschöpfung nach Wirtschaftsbereichen 1991 und 2012 – in Prozent

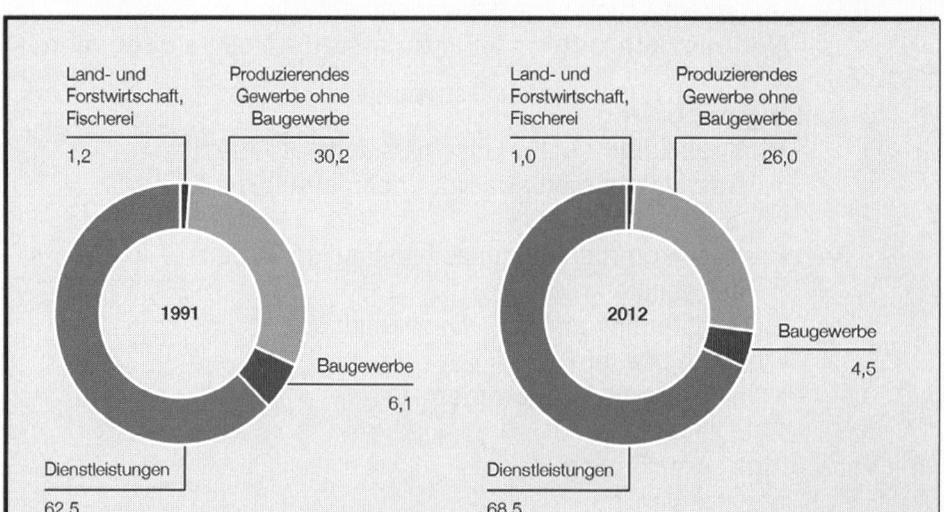

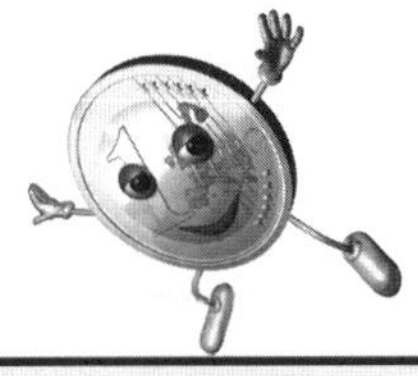

Struktur der inländischen Verwendung 2012 – in Prozent des Bruttoinlandsprodukts

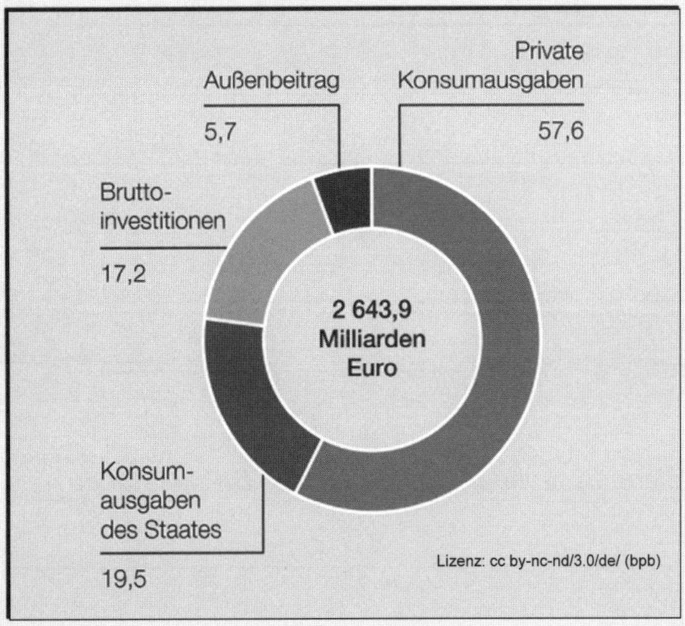

Verteilung des Volkseinkommens in Deutschland – 2007

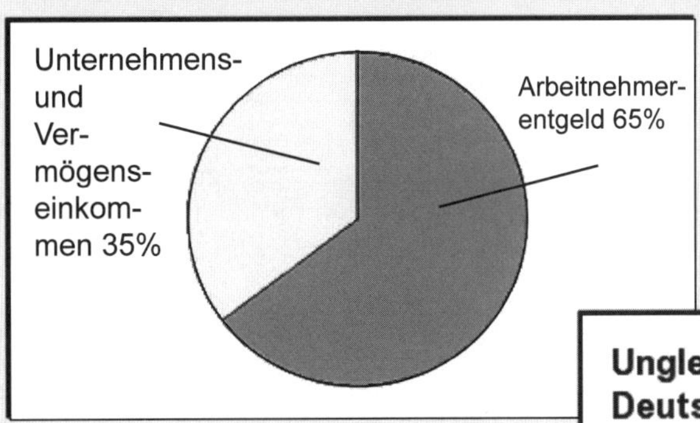

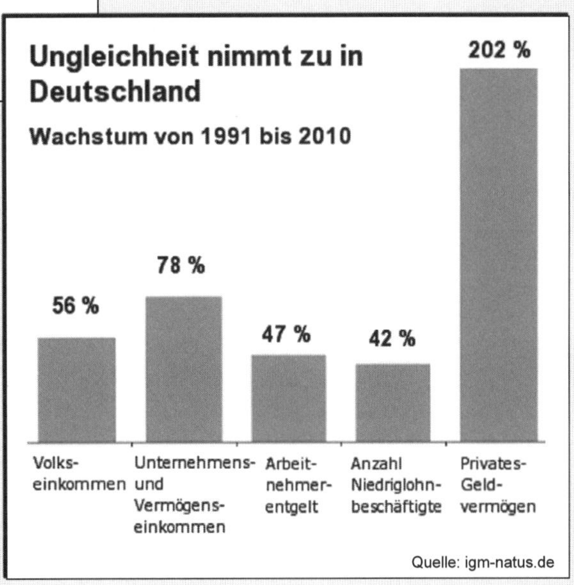

8 Bruttosozialprodukt

EA **Aufgabe 1:** *Was ist das Bruttoinlandsprodukt (BIP)?*

EA **Aufgabe 2:** *Welche Berechnungsarten für das BIP kennst du?*

EA **Aufgabe 3:** *Wer trägt prozentual am meisten zum BIP bei?*

EA **Aufgabe 4:** *Wieviel Prozent des Volkseinkommens entfallen auf die Unternehmer und die Arbeitnehmer?*

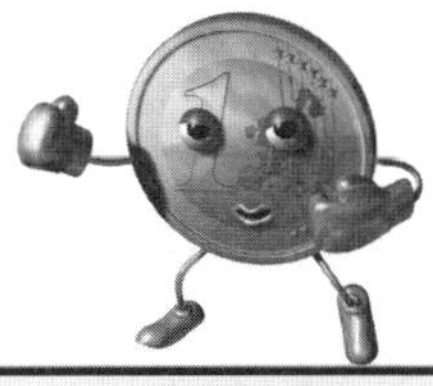

Inflation

Inflation bezieht sich auf einen allgemeinen Anstieg der Verbraucherpreise und wird von einem Index, der in allen EU-Mitgliedsstaaten harmonisiert wurde, gemessen: Harmonisierter Verbraucherpreisindex (HVPI).
Er ist als Ganzes in quantitativer Hinsicht zu definieren und zu bewerten = Preisstabilität.

Die EZB sieht erst einen Handlungsbedarf bei einer Rate über 1,8 / 2,0 %.

! Merke: Bei einer Inflation sinkt der entsprechende Geldwert bzw. das allgemeine Preisniveau steigt.

Inflationsrate im Euroraum

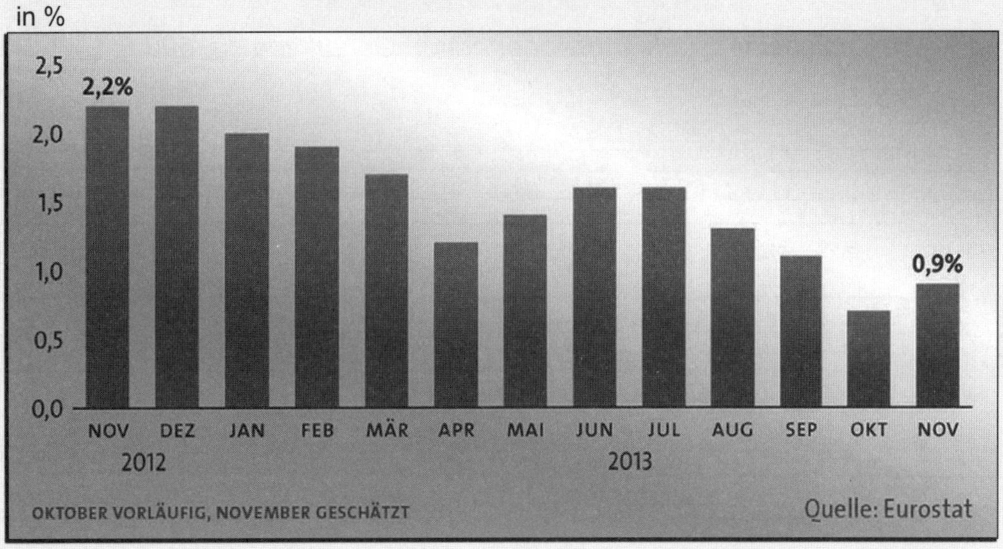

EA

Aufgabe 5: *Was versteht man unter Inflation?*

____

____

____

____

____

KOHL VERLAG Der Verlag mit dem Baum
Der Kreislauf des Geldes
Wie der Zahlungsverkehr in der Wirtschaft funktioniert – Bestell-Nr. 11 431

Schlussfolgerung

Eine Gemeinschaft wird nur fortbestehen, wenn sie sich allgemein gültigen Regeln unterwirft. Dies gilt in der Familie, beim Sport, in der Wirtschaft, und in der gesamten Gesellschaft. Ganz besonders aber gilt dies für den Umgang mit Geld.

Die meisten richterlichen Auseinandersetzungen drehen sich ums Geld. Deshalb spielt der gesetzliche, faire und vertrauensvolle Umgang mit Geld eine herausragende Rolle.

EA

Aufgabe 6: *Mache dir Gedanken, und schreibe diese mit eigenen Worten auf, wie du mit deinem Geld umgehen willst und zwar ...*

a) *... mit deinem Lehrlings- oder ersten Gehalt von ca. 600 €:*

____

____

____

____

____

____

b) *... mit einem späteren Gehalt/Lohn von ca. 1.200 €:*

____

____

____

____

____

____

9 Fachbegriffe und Abkürzungen

Akzept	Enthält auch Zahlungsverpflichtung, d. h. der Bezogene hat den Wechsel unterzeichnet/angenommen.
Baill-out	Fallschirm
Basel I, II, III	Reformpaket des Basler Ausschusses der BIZ, um auf Schwächen der weltweiten Finanz- bzw. Wirtschaftskrise ab 2007 zu reagieren
Bilanz	Sie ist eine stichtagsbezogene Gegenüberstellung der Vermögensgegenstände und der Kapitalgegenstände eines Unternehmens. Die Basis für die Bilanz bildet das Inventar. Sie enthält im Gegensatz zum Inventar nur Wertangaben und keine Mengenanbaben. Sie ist aufgeteilt in AKTIVA (= Vermögensgegenstände) und PASSIVA (= Eigenkapital und Fremdkapital). Der Wert der Aktivaseite entspricht immer dem Wert der Passivaseite.
BIZ	Bank für internationalen Zahlungsausgleich
BIC	Internationale Bankleitzahl
BLZ	Bankleitzahl
DBB	Deutsche Bundesbank
Deflation	Anhaltender Rückgang des Preisniveaus für Waren und Dienstleistungen, großes Angebot (Waren), wenig Nachfrage (Geld)
emotional	gefühlsmäßig
Event	erfinden, ausdenken, groß aufgemachte Veranstaltung
exekutiv	vollziehend, durchführend, ausübend
Export	Lieferung von Gütern ins Ausland = Ausfuhr von Waren
EZB	Europäische Zentralbank
Faszination	fesselnde Ausstrahlung, Anziehungskraft
gedecktes/-ungedecktes Geld	Banknoten-Schuldverschreibungen der Zentralbank sind gedeckt, wenn ein realer Sachwert – z. B. Gold – hinterlegt ist. Die Zentralbank kann nur soviel Banknoten drucken, wie sie an Vermögenswerten besitzt. Ungedeckes Geld kann unbegrenzt hergestellt werden. Bei einem ungedeckten Geldsystem wird Geld aus dem Nichts in beliebiger Höhe geschaffen. Um ungedecktes Geld zu erschaffen, bedarf es nur entsprechender Beschlüsse der gesetzgebenden Organe eines Staates, ohne dass für den Staat eine Einlöseverpflichtung in Gold bestünde. Die Notenpresse darf also legal rattern bis zum Geht-nicht-mehr.
Giralgeld	Buchgeld, auf Konten verbuchtes Geld
IBAN	Internationale Kontonummer
Import	Einfuhr von Waren und Dienstleistungen aus dem Ausland
Indossament	schriftliche Erklärung, mit dem ein Berechtigter (Indossant) das Eigentum und die Rechte aus einem Orderpapier auf einen anderen (Indossatar) überträgt und wird auf der Rückseite des Rückseite des Wechsels angebracht.
Inflation	Eine allgemeine Erhöhung der Güterpreise, gleichbedeutend mit einer Minderung der Kaufkraft des Geldes: starke Nachfrage und geringes Warenangebot.

konträr	gegenläufig, gegensätzlich
Kreditschöpfung	Durch die Kreditschöpfung wird die im Umlauf befindliche Menge an Geld am Markt bzw. in einer Volkswirtschaft erhöht. Wenn Kreditinstitute Kredite ausgeben, steht dieses zusätzliche Geld den Marktteilnehmern zur Verfügung bzw. wird das Kapital in den Markt eingebracht. Durch die Kreditschöpfung gelangt mehr Geld in den Markt, sodass auch die Wirtschaft einer Volkswirtschaft angekurbelt werden kann und Investitionen getätigt werden können. Gerade in wirtschaftlich schweren Zeiten kann es gefährlich sein, wenn die Banken Kredite zurückhalten und somit die Kreditschöpfung bremsen. Dann fällt es schwer, die Wirtschaftskrise in den Griff zu bekommen und die Wirtschaft wieder in Gang zu bringen.
Mrd.	Milliarde
Netzgeld	Kartengeld, elektronisches Geld. Es ist die neueste Methode des Zahlungsverkehrs. Anwendungsgebiete sind Online banking und im stationären Handel der Bereich der Kleinbetragszahlungen.
Niveau	Stufe in einer Skala bestimmter Werte, auf der sich etwas bewegt. Beispiel: das Niveau der Preise
quantitativ	bezieht sich auf Mengen und Größen
qualitativ	Eine qualitative Erläuterung befasst sich mit der Beschaffenheit/Qualität eines Objektes.
PIN	Persönliche Identifikationsnummer = deine Unterschrift
Sektor	Bereich, Pol
SEPA	Single Euro Payments Area
Stabilitätsgesetz	Kurzbezeichnung für das 1967 in Kraft getretene Gesetz zur Förderung der Stabilität und des Wachstums der Wirtschaft, nach dem Bund und Länder bei ihrer Wirtschaftspolitik die Bedingungen des gesamtwirtschaftlichen Gleichgewichts zu berücksichtigen haben.
Stagnation	Rückgang, Flaute, wirtschaftlicher Stillstand
Subventionen	Transferleistungen des Staates an Unternehmen
TAN	Transaktionsnummer, Einmalpasswort
Transferzahlung	Eine Transferzahlung bzw. -leistung bezeichnet eine Geld- oder Sachleistung, die eine Person erhält, ohne dafür eine direkte Gegenleistung erbringen zu müssen. Zu den staatlichen Transferleistungen in Deutschland zählen unter anderem Arbeitslosengeld II (Hartz IV), Sozialhilfe, Ausbildungshilfen (BAföG), Elterngeld, Kindergeld und Wohngeld
Tratte	Der Aussteller des Wechsels weist einen anderen an, eine bestimmte Geldsumme zu bezahlen.
Wechsel	Der Wechsel ist ein Instrument des Zahlungsverkehrs, das ein Zahlungsziel beinhaltet und somit gleichzeitig Kredit- und Sicherungsmittel ist.
ZB	Zentralbank

KOHL VERLAG Der Verlag mit dem Baum
Der Kreislauf des Geldes
Wie der Zahlungsverkehr in der Wirtschaft funktioniert – Bestell-Nr. 11 431

10 Lösungen

1 Geld

Aufgabe 1:
a. Tauschhandel – Felle/Getreide, Rinder/Salz; b. Münzersatz – Ware/Perlen, Muscheln und Metalle; c. Münzen und Scheine – Ware, Kupfer-/Messingmünzen, Denar (= Pfennig), Depotscheine, Papiergeld, Goldmark, DM, Euro

Aufgabe 2:
Geld ist Zahlungsmittel, Tauschmittel, Wertaufbewahrungsmittel und Recheneinheit.

Aufgabe 3:
Die Zentralbank kann nur soviel Banknoten drucken, wie sie an Vermögenswerten besitzt, weil Banknoten (Schuldverschreibungen der Zentralbank) nur gedeckt sind, wenn ein realer Sachwert – z. B. Gold – hinterlegt ist. Ungedecktes Geld kann unbegrenzt hergestellt werden.

Aufgabe 4:
Gedecktes Geld sind a. Gold- oder Silbermünzen – hier entspricht der Metallwert der Münze ihrem Wert (Münzwert = Metallwert) und b. Banknoten. Die Deutsche Bundesbank (DBB) konnte bis zur Höhe ihrer Vermögenswerte/Goldbestände Papiergeld in Umlauf bringen.

Aufgabe 5:
Von Scheidemünzen spricht man, wenn der Metallwert geringer ist als der Münzwert. Bei deinen Münzen im Geldbeutel ist der Münzwert höher als der Metallwert.

Aufgabe 6:
Formen des Geldes sind Münzen, Papiergeld/Banknoten (= Bargeld) und Buch-/Giralgeld.

Aufgabe 7:
Der Nennwert ist der auf der Münze/Banknote angegebene Wert.
Beim Euro sind es die Münzen 1, 2, 5, 10, 20, 50 Cent und 1,00, 2,00 und 5,00 €.
Papiergeld: 5,00, 10,00, 20,00, 50,00, 100,00, 200,00 und 500,00 Euro

Aufgabe 8:
Münzen haben einen Nennwert, Medaillen haben keinen Nennwert.

Aufgabe 9:
Notenumlauf 2013 = 100 %
Münzumlauf 2013 = x %
100% * Münzumlauf/Notenumlauf = 100 * 2,9 / 65,7 = **4,41 %**

2 Zahlungsverkehr

Aufgabe 1:
Zahlungsmittel zum Bezahlen einer Rechnung sind Bargeld, Überweisung und Verrechnungsscheck.

Aufgabe 2:
Halbbare Zahlungsmittel sind Zahlschein, Barscheck und Nachnahme (Post). Mindestens ein Beteiligter muß ein Bankkonto führen.

Aufgabe 3:
Den Eltern könnte ich die monatlichen Lebenshaltungskosten in bar als Dauerauftrag bezahlen, indem ich die Bank beauftrage, zu einem bestimmten Termin die Summe von € 50,00 auf das Konto meiner Eltern zu zahlen.

2 Zahlungsverkehr

Aufgabe 4:
2 Stellen Länderkennzeichen – bei uns DE
2 Stellen Prüfziffer
8 Stellen Bankleitzahl – die bisherige BLZ
10 Stellen Kontonummer – die bisherige Kontonummer
Besteht die Nummer z. B. nur aus fünf Ziffern, so werden die fehlenden fünf linksbündig mit Nullen aufgefüllt. Insgesamt besteht der IBAN aus mind. 22 Stellen.

Aufgabe 5:
Ein wesentlicher Nachteil ist die Sicherheit im Netz. Nachdem die Hacker verstärkt in die Datenbanken der Kreditinstitute eindringen und sich so Kundendaten beschaffen, ist es wichtig, die Zugangsdaten – Benutzerkennwort und PIN – regelmäßig 1x pro Monat zu wechseln. Auch sollten die Zugangsdaten bei verschiedenen Banken unterschiedlich sein. Die Banken betonen aber immer, dass ihre Verbindungen zusätzlich abgesichert wären. Jedoch: sicher ist sicher!

Aufgabe 6:
Bei Verlust der Karte und der PIN – auf einem Zettel im Geldbeutel – kann der Finder dein Konto abräumen. Bei Verfügungen bis zur Sperre hast du € 50,00 selbst zu tragen. Den Rest begleicht die Bank.

Aufgabe 7:
Bei Verlust meiner EC-Karte informiere ich unverzüglich meine Bank über den Verlust und evt. PIN, damit die Bank die Karte sperren kann. Bei missbräuchlicher Verwendung der Karte nach Sperrung meiner EC-Karte, wird diese vom Automaten einbehalten.

Aufgabe 8:
1. Bezeichnung als „Scheck“ im Text der Urkunde
2. Anweisung zur Zahlung eines bestimmten Betrages
3. Name des Bezogenen
4. Zahlungsort
5. Tag und Ort der Ausstellung
6. Unterschrift des Ausstellers

Aufgabe 9:
Beim **Barscheck** kan die bezogene Bank den Betrag bar ausbezahlen, wenn der Einreicher der Bank bekannt ist oder er sich legitimieren (Ausweis) kann.
Beim **Verrechnungsscheck** wird der Scheckgegenwert immer einem Konto gutgeschrieben. So kann der Weg des Schecks verfolgt werden.
Beim **Überbringer- oder Inhaberscheck** erhält der Scheckeinreicher auf seinem Konto den Betrag gutgeschrieben. Die Bank prüft nicht, ob der Einreicher der Berechtigte ist.

Aufgabe 10:
Durch den Wechsel wird die Bezahlung der Forderung auf einen späteren Zeitpunkt verlagert. Auf Grund der Wechselstrenge erhält der Berechtigte sehr schnell einen vollstreckbaren Titel.

Aufgabe 11:
Der Wechsel hat folgende gesetzliche Bestandteile zusätzlich: Verfalldatum – Termin, wann zu zahlen ist und der Name des Geldempfängers – an wen zu zahlen ist.

3 Kredit

Aufgabe 1:
Kredit ist, wenn jemand Geld erhält und der Geldgeber darauf vertraut, dass er das Kapital wieder zurückerhält. Eine Verzinsung ist üblich, muss aber nicht sein z. B. bei Kredit von einem Verwandten. Kredit kommt aus dem lateinischen „credere", übersetzt bedeutet das glauben, vertrauen.

Aufgabe 2:
Kreditarten werden unterteilt in:

Kreditgeber:	(Bankkredit, Lieferantenkredit, Arbeitgeberdarlehen, Privatkredit, Staatskredit, Organkredit,
Bereitstellung:	(Barkredit, Dispositionskredit (mit Bank vereinbarter Rahmen), Überziehungskredit (von der Bank geduldeter zusätzlicher Kreditrahmen), Warenkredit, Kreditleihe, Konsumkredit (Privatpersonen), Investitionskredit (Unternehmen langfristig)
Verwendung:	Betriebsmittelkredit (Unternehmen kurzfristig), Wohnbaukredit, Zwischenkredit, Effektenkredit, Import-/Exportkredit

Aufgabe 3:
Kreditgewährung erhöht die Geldmenge. Kreditrückzahlung vermindert die Geldmenge.

Aufgabe 4:
Die Bank gewährt an einen ihrer Vorstände (bei AG) oder an ihren Geschäftsführer einen Kredit. Da Kreditgeber und Kreditnehmer dem selben Institut angehören, spricht man von einem Organkredit.

4 Wirtschaftskreislauf

Aufgabe 1:
Die Sektoren oder Pole des Wirtschaftskreislaufes sind: Haushalte, Unternehmen, Banken, Staat und Ausland

Aufgabe 2:
Produktionsfaktoren sind Arbeitskraft der Haushalte, Kapital und Boden.

Aufgabe 3:
Die Wirtschaftskreislaufmodelle stellen die Güter- und Geldströme zwischen den Polen/Sektoren dar.

Aufgabe 4:

Haushalte – Unternehmen:	Einkommen, Konsumausgaben
Haushalte – Staat	Steuern, Transferzahlungen (Kindergeld, Hartz IV)
Haushalte – Bank	Sparen, Kreditaufnahme
Unternehmen – Bank	Kredit, Geldanlage
Unternehmen – Staat	Steuern, Subventionen, Verkaufserlöse
Unternehmen – Ausland	Import, Export
Bank – Staat	Einlagen, Kredite

Aufgabe 5:
Wenn die Investitionen geringer als die Ersparnisse sind, dann können die Unternehmen weniger Einkommen bezahlen. Die Wirtschaftskraft nimmt ab. Stagnation (Rückgang) ist die Folge.

5 Deutsche Bundesregierung

Aufgabe 1:
Der Bundespräsident ist das Staatsoberhaupt der Bundesrepublik. Er vertritt den Staat völkerrechtlich im Ausland. Zu seinen Aufgaben zählen: Gesetzesvorlagen unterschreiben (ausfertigen), Gesetze vor Ausfertigung verfassungsrechtlich prüfen zu lassen, Ernennung und Entlassung von Ministern/Innen.

Aufgabe 2:
Das Bundeskabinett ist die Bundesregierung.

Aufgabe 3:
Der Finanzminister ist für das Erstellen des Bundeshaushalts verantwortlich.

6 Finanz-/Fiskalpolitik

Aufgabe 1:
Vorrangige Ziele des Stabilitätsgesetzes von 1967 sind Gerechtigkeit, Wohlstand und Freiheit.

Aufgabe 2:
Das magische Viereck stellt die unterschiedlichen Ziele der Wirtschaftspolitik dar. Grundsätzlich soll ein gesamtwirtschaftliches Gleichgewicht erreicht werden. Die Ziele im Einzelnen: stabiles Preisniveau, angemessenes und stetiges Wirtschaftswachstum, hoher Beschäftigungsgrad, außenwirtschaftliches Gleichgewicht. Die Ziele schließen sich auch gegenseitig aus.

Aufgabe 3:
Die zwei erweiterten Ziele zum magischen Sechseck sind Verteilungsgerechtigkeit und Umweltschutz.

Aufgabe 4:
Die Finanzpolitik will ein gleichmäßiges Wachstum, während die Fiskalpolitik einen ausgeglichenen Haushalt anstrebt.

7 Europäische Zentralbank (EZB)

Aufgabe 1:
Die EZB – Europäische Zentralbank – ist in der Währungsunion für die Geldpolitik verantwortlich.

Aufgabe 2:
Restriktive Geldpolitik = Reduzierung der Geldmenge, dadurch Verteuerung der Kredite durch höhere Zinsen = Kaufkraftrückgang
Expansive Geldpolitik = Ausdehnung der Geldmenge, dadurch günstigere Kredite durch niedrigen Zins = Kaufkraftsteigerung

Aufgabe 3:
Die Aufgaben der Europäischen Zentralbank sind:
- Festlegung der Leitzinses
- Beobachung der Preisentwicklung
- Banknotenausgabe
- Währungsreserveverwaltung
- Durchführung von Devisengeschäften

7 Kapitel 7 Europäische Zentralbank (EZB)

Aufgabe 4:
Der Sparer erhält einen niedrigeren Zins für seine Anlagen, dafür aber günstigere Kreditkonditionen.
Die Banken erhalten billiges Geld, das sie zum Teil im Kreditgeschäfteinsetzt.
Das Geldvolumen wird aufgebläht.

Aufgabe 5:
Zur Steuerung der Liquidität stehen der EZB der Einsatz der Mindestreserve und Refinanzierungsgeschäfte zur Verfügung.

Aufgabe 6:
Beim Einsatz der Mindestreserve wird die Geldmenge durch Erhöhung der Zinssätze kleiner, bzw. durch Senkung der Zinsen größer.

Aufgabe 7:
Fazilitäten sind geldpolitische Mittel der EZB.
Es gibt die Einlagenfazilität = Anlage freier Liquidität bei der EZB über Nacht und die Spitzenrefinanzierungsfazilität = Kreditaufnahme bei der EZB über Nacht.

8 Kapitel 8 Bruttosozialprodukt

Aufgabe 1:
Es ist die Basisgröße für das Wirtschaftswachstum. Es entspricht den Wertschöpfungen aller in einem Jahr und in einem Land von inländischen Unrternehmen, Haushalten und dem Staat erstellten Güter und Dienstleistungen.

Aufgabe 2:
Entstehungsrechnung = Erfassung der einzelnen Wirtschaftszweige (Landwirtschaft, Industrie, Dienstleistungen usw.) und dem Staat. Sie gibt Einblick in die Wirtschaftsstruktur.
Verteilungsrechnung = Aufgliederung des Volkseinkommens in Lohn und Gehälter, Gewinne, Abschreibungen und Steuern

Aufgabe 3:
Prozentualer Beitrag zum BIP:
29 % das Finanzierungs- und Vermietungsgewerbe,
26 % das produzierende Gewerbe,
22 % öffentliche und private Dienstleister,
18 % Handel, Gastgewerbe und Verkehr

Aufgabe 4:
Auf die Unternehmer entfallen 35% des Volkseinkommens und auf die Arbeitnehmer 65%.

Aufgabe 5:
Die Inflationsrate bezieht sich auf einen allgemeinen Anstieg der Verbraucherpreise, das Preisniveau steigt und der Geldwert nimmt ab.

Aufgabe 6:
Individuelle Ausführungen

Bildnachweise:

Seite 4: © grafikplusfoto - Fotolia.com, © froxx - Fotolia.com; Seite 5: © Erica Guilane-Nachez - Fotolia.com; Seite 6: meatunica.de, © diez-artwork - Fotolia.com; Seite 7: © ProMotion - Fotolia.com, © eyewave - Fotolia.com; Seite 8: © Dan Race - Fotolia.com; Seite 9: Matthias Wolf/wikimedia.org; Seite 10: © M. Schuppich - Fotolia.com; Seite 11: © eyewave - Fotolia.com © zitze - Fotolia.com; Seite 12: © eyewave - Fotolia.com, mubk-de; Seite 16: © doris oberfrank-list - Fotolia.com; Seite 17: wikimedia.org, garbersgazette.de, © Orlando Florin Rosu - Fotolia.com; Seite 18: © vege - Fotolia.com; Seite 19: wikimedia.org; Seite 20: © Trueffelpix - Fotolia.com; Seite 22: RRF - Fotolia.com, Dan Race - Fotolia.com; Seite 23: © diez-artwork - Fotolia.com, © grafikplusfoto - Fotolia.com; Seite 24: wikimedia.org; Seite 26: © diez-artwork - Fotolia.com, academic.ru; Seite 27: academic.ru, © Teteline - Fotolia.com; Seite 28: Wagner-berlin.de; Seite 29: © diez-artwork - Fotolia.com, Jakob Reschke JayK/wikimedia.org; Seite 30: iwk-svk-dresden.de; Seite 31: © diez-artwork - Fotolia.com; Seite 33: Armin Linnartz/wikimedia.org, Andrzej Barabasz (Cheprry)/wikimedia.org, Armin Kübelbeck/Wikimedia.org, Tobias Krecht/wikimedia.org, SPD-Saar/wikimedia.org, Ralf Roletschek/wikimedia.org, Dominik Butzmann; Seite 34: Thomas Lother/wikimedia.org, Laurence Chaperon/wikimedia.org, Jean11/wikimedia.org, Christliches medienmagazon pro/wikimedia.org, Henning Schacht/wikimeda.org, Axel Hindemith/wikimedia.org, wikimedia.org, Christian Dopelgatz(KUXMA)/wikimedia.org; Seite 35: Martin Künzel GNU-FDL/wikimedia.org; Seite 36: © indomercy- Fotolia.com; Seite 37: wikimedia.org; Seite 40: © Trueffelpix - Fotolia.com; Seite 41: © eyetronic- Fotolia.com; Seite 42: © vege - Fotolia.com; Seite 45: © Pixel - Fotolia.com; Seite 46: © Winne - Fotolia.com; Seite 47: © diez-artwork - Fotolia.com; Seite 48: © eyewave - Fotolia.com, © Teteline - Fotolia.com; Seite 49: © diez-artwork - Fotolia.com; Seite 50: © fovito - Fotolia.com; Seite 52: © diez-artwork - Fotolia.com; Seite 53: © diez-artwork - Fotolia.com; Seite 54: © diez-artwork - Fotolia.com; Seite 54: © diez-artwork - Fotolia.com; Seite 55: Dan Race - Fotolia.com; Seite 56: © diez-artwork - Fotolia.com; Seite 64: © macgyverhh - Fotolia.com